前に踏み出せる　勇気の書

青木仁志

ACHIEVEMENT PUBLISHING

本書は２０１２年２月に小社より刊行された
単行本を加筆・再編集したものです。

はじめに

「勇気：いさましい意気。物に恐れない気概」〔広辞苑（第6版）より〕

心が燃える、熱く生きる、命を賭けて全うする。
少々、古臭い印象があるかもしれません。

「心沸き立つものに打ち込めているという充足感」
「どんな困難も乗り越えようとする勇気」
「真の行動意欲」

これらは一体どこから生まれてくるのでしょうか？

同じ環境下でも、情熱をもって取り組める人と無気力な人、主体的に行動できる人と義務感で動く人がいます。嫌々取り組んであとで愚痴を言ったり、つまらなそうな態度で白けていたり、他人と比較して自分を卑下したり……。こうした人々のあいだには、意欲の差があります。

つまり、何かが起きても自分の興味を引かなければ、すぐに冷めてしまう。自分から働きかけよう、おもしろくしようという姿勢はありません。周りの世界に対する態度はいつも受け身。少し厳しく言えば、甘えや依存心が見え隠れしています。

もっと本質的に言えば、自分の価値も他人の価値も低く見ています。価値の見出せないところに意欲は湧きにくいものです。しかし何かに〝価値〟を見出すのもまた、自らの意欲にほかなりません。

わたしはプロセールスとしてキャリアを磨きました。今日稼がなければ、明日食べられない。厳しいフルコミッションの世界でも、行動できずにぐずぐずとくすぶっている人はごまんといました。そんな人たちは「人生どうにかなる」「ほかに何かうまく儲ける方法があるはずだ」という依存心がどこかにあったのでしょう。

どうすれば心躍る仕事が見出せるのか。自ら行動を起こしてパフォーマンスを発揮できるのか。これが本書の重要なテーマです。

主体的に行動するためには、なすべきことが頭にイメージできなければなりません。そのためには、ピースが必要です。ピースとは「経験」です。

たとえば、わたしが25年以上続けている戦略的目標達成プログラム『頂点への道』講座。これは、演台の上にあるコップの位置から話の運び方まですべてが決まっています。丸3日間の研修ですが、その様子は第一声から最後の締めまで頭の中で鮮明にイメージできます。

頭の中でデザインできれば集中力は高まり、自分の能力を発揮することができます。反対に経験の少ない人ほど行動を起こしにくく、成果も上がりにくい。集中力のないところに最高のパフォーマンスはありません。

やる前から「できない」と思ってしまうのも同じ理由からです。

「どうせやっても……」「自分なんか……」と最初からあきらめてしまうのは、見通し、つまり実現している自分をイメージできないからでしょう。

経験が足りていないと人は恐怖に襲われます。恐れは行動を抑止します。この**不確実な未来に対する恐れをいかに乗り越えるか**は、本書のもうひとつの重要なテーマです。

最初は誰だって恐いもの。でも、恐れを心配する必要はありません。恐れに対処する方法があるからです。

行為は感情に先行する。一歩踏み出すことで感情の殻を破る。まずは、とにかくやってみること。やってみればなんらかの結果が出ます。本書では、人材育成トレーナーとして受講生へお伝えしている〝はじめの一歩を踏み出す〟ためのさまざまな方法を述べていきます。

うまくいけば成功体験。うまくいかないこともあるかもしれません。それは失敗ではなく経験。どれだけ失敗しても成功するまでやり続ければ、すべてが**価値ある体験**になります。

求める心がすべての出発点。

一歩踏み出す勇気を発揮するためのいちばんの源は、求める心をもつことです。求める心がなければ行動できませんし、行動できたとしても続きません。

行動するから経験が蓄積され、経験が成長につながり、成長が成功をもたらします。**成功の前に成長がある。**これが大原則です。成功したければ、まず「成長しよう！」という意欲をもてるかです。

成功とは、どのようなイメージがありますか？

「富や名声を手にすること」を想像するかもしれません。能力開発の観点から言えば、頭の中で考えていること、求めているものを実現すること。すなわち、思考と行為の一致が成功です。その技術は、実践によってのみ体得できます。

この〝思考と行為を一致させる技術〟を研修で伝え続けています。技術ですから、誰でも磨くことができます。

求めたうえで**どれだけ素直に行動できるか**も重要です。素直とは、うまくいくこともいかないことも、すべてをありのままに受け入れる心の状態です。

成果を出せない人は依存心が強いもの。よく「言われたとおりにやっているのに……」「成果の出ている人と同じことをしているのに……」と愚痴る人がいます。成果の出ない理由を他人に責任転嫁していては、素直とは言えないでしょう。

人に聞いたり、情報を得ることはもちろん重要です。ただ、まずはうまくいっていない現実をすべて受け入れ、不安、恐れ、結果の出ていない事実を心から認めること。それでも精一杯やっている自分自身を承認することです。

あなたの心の状態が、あなた自身や周囲へのモノの見方を決め、それが行動や振る舞いとなって現れることを忘れないでください。

「成果」は運や偶然の産物ではありません。成果を出したければ、パフォーマンスを発揮するための思考や行為をする必要があります。

成果の出せる人は主体的です。自分の人生に責任をもって行動する**真の**

意欲があります。彼らは他人に評価される何者かになろうとはしていません。どんなときでも自分の求めるものを得るために努力を重ねています。
その原動力を視覚化したものが目的・目標です。だから毎日、目的・目標は見たほうがいい。簡単なことでも、人生の目的や目標を紙に書き出して持っている人はごくわずかです。

成果の出ている人は間違いなく、目的・目標を実現するために思考と行為を管理する能力に長けています。めざすものを強く意識すれば、行動が起こしやすくなります。行動を止めなければ、なんらかの結果が出て、さらなる成長へとつながっていきます。

あなたは〝できないこと〟を前提に生きていませんか？

「成果が出ていないから自分には価値がない」「周りが認めてくれないのは自分の能力が低いからだ」。こんな風にできていない事実を自分自身の価値や能力に結びつけると、ますます行動できなくなります。

「今」できなくても、成長すれば「いつか」は必ずできるようになります。生きる前提を変えましょう。すると、意欲や自信というあなたの内側にある力が、人生の新たな扉をノックし始め、最初の一歩を踏み出せます。

前提とは〝思い込み〟のことです。いまのあなたの思い込みは、これまでのさまざまな人生経験が蓄積されたものです。

わたしの父は、借金をつくって家にほとんど帰ってこなかったため、経済的にはずっと苦しい状態でした。そんな状況から一刻も早く抜け出そうと高校を中退し、北海道から上京してキャリアをスタートさせたのは住み込みの鉄工所からです。周りから認められた体験なんてほとんどなく、自分の価値なんて信じられませんでした。ただ、生きていくために必要なお金を稼ぐ。それだけでした。「成功」の「せ」の字も見えていなかったのです。

ところが、ある日幼いころ生き別れになった実母が、半年かけてわたしを探し出してくれました。そのとき、はじめて「こんな自分でも愛してくれる存在がいた。生きているだけでも自分を認めてくれる人がいるんだ」と深いところで親の愛を実感しました。これが自分の価値を認める最初のきっかけになったのです。

真の行動意欲は、自分自身の価値を感じるところから生まれます。そこから決めたことをどれだけ実行したか。行動の結果によって、思い込みがつくられていきます。

心は実体がありません。しかしどんな人でも自分の価値を実感できます。だから行動意欲を開花させることができます。わたしも、きっと両親が大金持ちで愛情溢れる家庭にすくすくと育っていたら、このような信念はもてなかったでしょう。自分の無価値感に苛まれ、あがき苦しんできたからこそ、トレーナーとして人間の存在価値を信じ、人は誰でもよくなれるとメッセージできています。

本書を手にとっていただいたことが最初の一歩目です。
いつも自然体でかまいません。現実は思いどおりにいかないことも多い。気をラクにして行動してみましょう。前に進んでみましょう。新しい発見があります。

もしかしたら望みどおりにはいかないかもしれません。でも、いいじゃないですか。大事なことは、そこで何を学び、どう次につなげるか。失敗しても、結果に満足できなくても、周囲がどう評価しようとも、決して行動した価値は失われません。

行動すれば経験という糧になります。積み上げていく歩みの始まりです。いつか成功したいと願うだけでは、成長も成功もありません。**真の充足感は実行に左右されます。**

人生に正解はありません。生き方は人それぞれですが、成功するために効果的に生きるすべはあります。自分が打ち込めるものを手にする方法はあります。

35年以上研修の仕事を続けてきて、どんな人でも自己実現には時間が必要だと実感しています。早くから取り組んで自分を磨いていくことが、人生成功の秘訣。時間を味方につけて、あなたが望むことをたくさん実現しましょう。

皆さんに正しさを押し付けるつもりはまったくありません。わたし自身の経験から日々、充実感をもって生きるための技術や方法を共有し、できるだけ多くの人によりよい人生を送ってもらいたい。それが人材育成トレーナーとして「今」できることである。その一心で本書を記しました。

あきらめない人生に終わりはありません。
あなたには無限の可能性があります。
さあ、勇気を発揮する旅へと一歩踏み出しましょう。

目次

第2章 勇気が発揮できない理由

第3章　成果を出せない受け身な人

第4章　何かに打ち込める豊かな人

第5章 パフォーマンスを生み出す人間関係

第6章 ぶれない生き方を確立する

文庫版新章

逆境に強い人、弱い人

第1章

一歩踏み出す勇気を手に入れる

情熱の置き場はどこにある？

「生涯続けたいと思える仕事を探しています」
「やりたいことが見つかれば努力できるのですが……」

こうした悩みを抱えた人はたくさんいます。むしろ、やりたいことが明確で「今」に熱中している人のほうが少ないのではないでしょうか。

願望が明確になった人、人生において情熱を傾けるべきものが見つかった人は、ほかの人よりも幸運だったのでしょうか？　探し方がすぐれていたのでしょうか？　何か特別な努力をしていたのでしょうか？

行動を起こせば何かしらの結果が出ます。何が得られたのか、何がうまくいかなかったのか。それが心地よいと感じたのか、不快だと感じたのか。自分は何が好きなのか、何に向いているのか。

行動を意識して振り返ることで、「結果」が人生における「学習」に変化するのです。自然に天職と出会える人はひと握りです。打ち込めるものは、懸命に取り組む姿勢によって見出されていきます。

努力して壁にぶつかった経験のない人が、自分の資質や特性を見出すのは難しいでしょう。学習できないからです。学習こそ人生の礎。

まずは学習を目的として、目先のことに注力してもいいと思います。逆説的ですが、打ち込めるもの、情熱を注げるものを見出したければ、**今を情熱的に生きる**ことです。

自分の若いころを振り返ってみると、勉強どころではなかったし、知識や知恵もなかったので、仕事をするうえでのイマジネーションはほとんど働きませんでした。

だからでしょう。あれこれと考える前に、まず行動していました。対面のフルコミッションセールスという仕事に就いたことも幸運でした。最大のミッションは売ること。シンプルです。枕元には必ずセールスキットを置き、文字どおり寝ても覚めてもセールスで成果を出すために頭と身体を働かせていました。

すると、結果的に高い成績を残し、マネジャーに抜擢されました。マネジメントを任されても仕事の本質は変わりません。メンバーがいかにセールスできるようになるか。対象が自分から部下に変わっただけで、やるべきことは、どうしたらもっと売れるかを追求するだけでした。

世の中のほとんどのことが、やってみないとわかりません。行動に移せない理由が「何をしたらいいのかわからない」のであれば、周りから**何を求められているのか**を考えて実行してみてください。直接聞いてもいいでしょう。

どんな人にも仕事や家庭など生きているフィールドでの役割があり、そこで求められているものがあるはずです。願望が明確でない人は、まず**与えられたことに精一杯取り組む**ことです。

「やりたいことが見つからない……」と無気力になっている人は受け身です。これまでいつか打ち込めるものが見つかるはずだと信じてきたのでしょう。それでも見つからなかった。ならば、いつもとは異なる方法で探してみたらどうでしょうか。

「これは自分に向いているのか？」「都合よく使われるだけなんじゃないか？」と値踏みするのではなく、「とにかく成功させるのだ」と、どんなに小さなことでも与えられたことを立派にやり遂げようとする姿勢です。それが情熱的に生きる人生の一歩目です。

あれこれ考える前にまずやってみる。
失敗したっていいじゃないですか。
失敗は経験。次はうまくいくイメージが描けるようになります。

いまのあなたに必要なものは、いままでとは違う生き方を選択する**勇気**です。
今日おこなうのも、明日おこなうのもあなた自身。
あなたの人生は、あなた以外には歩めません。

いつかやりたいことを見つけるつもりなら、明日よりも今日、今日よりも**今**していることがやりたいことだと信じて尽力することです。

あなたの「何」を見つけよう!

あなたが周りから求められているさまざまな役割を考えてみよう。また、それを変化させる環境要因を挙げて、いまの役割がどのように変わるのかを書き出します。空欄はオリジナルで考えた役割を入れてみてください。

役割が変化する環境要因

	■仕事・職場	■家庭・家族	■親族
現在の役割	before	before	before
環境変化後の役割	after	after	after
	■自分自身(使命や個性)	■地域社会	■友人
現在の役割	before	before	before
環境変化後の役割	after	after	after
	■地球人・国際人	■	■
現在の役割	before	before	before
環境変化後の役割	after	after	after

感情の殻から解き放たれる方法

人は見通しがないものに恐怖を感じます。想像がつかないので先読みできず、一歩踏み出すのが恐くて仕方がない。それは誰でも同じです。

しかし、恐怖感や否定的な感情に支配されて、無意識に言い訳をつくり逃げてしまうか、それを受け入れて踏み止まれるかは、人によって異なります。

新しいことに挑戦するときには、たいてい**恐怖**が先走ります。すると、その感情によって行動が制限されます。

わたしもはじめからセールスが好きだったわけではありません。誰が好んで飛び込みのセールスや、見知らぬ人に電話掛けをしたいのでしょうか。

そんなときには、「アポイントが取れたらおいしいものが食べられる」と思って、恐怖の感情を避けずに、**恐怖の先にある感情**へ意識を向けるようにしました。すると、嫌なものは嫌なのですが「仕方がない、やるしかない」と、行動を妨げる感情の殻から解き放たれます。とりあえずやってしまうところまで自分をもっていく工夫です。

意識が恐怖に向いていると、無意識にその行動を避けはじめます。気合いで乗り越えようとしても負担になるので長くは続きません。いつか逃げ出したくなります。

血気盛んなマネジャー時代、部下に「アポが取れるまで昼飯を食べるな」と電話掛けをさせたこともありました。しかし無理強いして効果のあったマネジメントはひとつもありませんでした。振り返って、若気の至りだったと反省しています。

おいしいものを食べに行く、友人を誘って飲みに行くなどなんでもかまいません。大切なことは**自分が内側から動機付けられるご褒美（インセンティブ）**を設定することです。

「これを乗り越えたら欲しいものが手に入る」という確信があれば、前向きな気持ちが湧きます。恐い、面倒臭い、気が重いといった後ろ向きの感情を打ち破ろうとするのではなく、**意識の矛先を変える**のです。

すると行動が、ご褒美が手に入ったときの達成感、楽しい、うれしいといった快適感情に紐付けられます。

わたしも新人のころはセールスに気が進まないこともありましたが、

数々のタイトルを取って成功体験を重ねたことで、いまでは「生まれ変わってもセールスマンになりたい。そして次はもっともっと売ってみせる！」と内側から湧き出る意欲が育まれました。

「チャレンジしたいことや欲しいものさえ明確になっていない」という人は、次に挙げる5つの分野を参考に、求めるものを書き出してみてください。これらは選択理論心理学において、人間の遺伝子に刻まれた基本的欲求だと言われています。

とくにやりたいこと、欲しいものにはチェックをしておいてください。あなたの願望を知るヒントになりますし、より力強く行動するための原動力になります。

■願望を明確にする5つの分野

1. **生存**　心身ともに健康で生きようとする
2. **愛・所属**　愛し愛される人間関係を築きたい
3. **力**　自分の価値を認められたい
4. **自由**　精神的、経済的な自由を得る
5. **楽しみ**　主体的に何かを楽しむ

欲しいものリスト

感情の殻を打ち破るために、自分が内側から動機付けられるものをストックしておこう。とくに欲しいもの、実現したいことには ☑ を付けておこう。

□	□
□	□
□	□
□	□
□	□
□	□
□	□
□	□
□	□
□	□

失敗の確率を上げる

米国のプロゴルファー、トム・ワトソンは次のように語っています。
「成功の確率を倍にしたければ、失敗の確率も倍にすることだ」
若いころはあまりピンときませんでした。しかし、いまなら確かにと納得がいきます。

当たり前のことですが、チャレンジした分だけ経験を積むことができます。安全な道ばかりだと成長が止まり、人としての器も小さくなってしまいます。

わたしの年代（60代）になって「とりあえず」と、見通しもないのになんでもかんでもやってみるというのは、とくにビジネスにおいてはリスクが高いので控えるべきです。ただ、若いときは先が見えなくても、とにかく体験してみることをお勧めします。

失敗とは、成功の保証がないことに取り組んだ結果です。失敗の数はチャレンジした回数だと言えます。

そもそも、何をもって失敗と判断するのでしょうか？

キャリアとは、自分の殻を破ること。不安や恐れを抱きながらも、行動し続けて自分を成長させることです。いくら知識を身につけても、頭でこうすればいいとわかっていても、実行なくして成功はありません。限界突破の積み重ねがキャリアです。

途中であきらめてしまうから「失敗」になってしまうだけで、成功するまでやり続ければ、挫折もすべて「経験」になります。経験を重ねていくことが、成功に到達する唯一の道です。

多くの人が、さまざまな理由をつけて達成する前にあきらめてしまいます。そこが現状維持しようとする自分の限界点です。

なぜ続けられないのか？　それは、したいことを優先しているからです。できるだけラクな場所、安全な領域に留まろうとするのが人間です。

ですから、極論はほんとうにやりたいことしか成し遂げられません。最後までやり続けるから成功するのです。

なぜ、やり遂げることができたのか？

やり遂げたかったからです。

どうしてそう思えたのか？

それを望んでいたからです。

能力開発の本質は、無意識下の願望を明確にすること。誰でも好きなことには没頭できます。それこそ「集中するな！」と言われても集中してしまいます。

大好きなスポーツの試合、好きな人が目の前にいるとき、必ず関心を寄せているでしょう。無意識に求めているからです。そのとき仕事ができるとか、勉強ができるとか、頭がよいといった自己認識は集中の妨げにはなりません。

人は、自分の内側にある5つの分野における欲求や快適感情に向かって集中していきます。熱中できるものだから夢中になれるのではありません。少しでも興味・関心の湧くものに**熱を入れるから集中力が発揮され、楽し**

くなってくるのです。

一方、人は苦痛感情をできるだけ避けようとします。失敗体験は、言うまでもなく苦痛感情を味わう代表的な出来事です。多くの人が成功の可能性が低いものからは距離を置こうと、無意識に先延ばしします。

しかし、**成果は苦痛感情を乗り越えた先にあります**。苦痛感情を受け入れられるようになるためには、将来に対する見通しが必要です。「できる！」というイメージと「できた！」という体験が重なることで確信が生まれ、主体的に代償を払っていくエンジンになります。

そして「どうすれば実現できるのか？」と、達成を前提とした考え方ができるようになります。困難にぶつかり苦痛感情が予測されても、同時にそれを乗り越えようとする勇気も湧いてくるでしょう。

過去の犠牲者にならない

「実行してみたけれど、うまくいかなかった」

「思い描くようなハッピーエンドにならなかった……」

そのようなとき、人は誰でも落ち込みます。

落ち込んで自分を責めます。

うまくいかなかったのは自分のせいだ。

自分はなんてバカだったんだろう。


これは過去の犠牲者になってしまう心の動きです。失敗から学ぶことは大切です。ただ、うまくいく人は思うような結果が出なくても、「どう改善できるのか？」という未来に目を向けます。

もう一度繰り返します。うまくいかなかった原因を探り、行動を省みることは大事です。しかし「どうしたら、いまよりもっとよい成果を出せるのか？」という未来に向かった視点で、今の状況を振り返ることがそれ以上に重要です。

うまくいっている人は、あとに引きずりません。失敗＝成果ゼロだと考えがちです。行動意欲のある人にとって、望ましくない結果は次につながる成果なのです。

どうしたらいち早く望むものが手に入るのか。成功・失敗ではなく、**最善・改善の世界**で行動している人はつねに成長していきます。

思い出すと腹が立つこと、これも同じです。忘れられればベストですが、感情は行動を大きく縛ります。バカにされた、非難された。でも言い返せない。嫌なことをされた、不快だと感じた。でも嫌だ、不快だと言えない。相手が親、上司、配偶者など影響力の大きい人の場合には尚更でしょう。

率直に相手に気持ちを伝えられたり、改善にのみ焦点を当てられれば怒りは鎮まります。もし言い返して余計に怒られたり、嫌な顔をされると5つの分野すべての欲求が脅かされます。心身ともに健康でいたいという生存、愛し愛される人間関係を築きたいという愛・所属、自分の価値を認められたいという力、自由や楽しみはもちろん満たされません。

わたしは、充実した人生を歩むために「健康→愛に満たされた人間関係→職業での卓越→精神的・経済的自由→趣味や人生を楽しむこと」の順番で欲求を満たすことを勧めています。

ところが、たとえば「親に叱られて言い返したら、余計に怒られた」という事実から**失敗の思い込み**がつくられ、多少の不満を感じても心の奥底で抑圧したりします。不満を表明するよりも、そこに留まったほうが安心や安全が感じられるからです。

何かがあると、心は自己防衛しようと働きます。怒りの真の原因は、相手や事実ではなくあなた自身の欲求不満なのかもしれません。

コントロールできない心の動きは、コントロールできるもので対処しましょう。すなわち、思考と行為を変えるのです。

たとえば何か腹の立つことが起こったときには、**次に同じようなことが起こったときの学習**だと考える癖ができれば、困難はすべて成長のための課題になります。

もちろん、いままでの思考パターンを変えるのはとても難しいことです。そこで**人に委任する**方法もあります。

以前ある経営者にお金を融通したところ、なかなか返してもらえないことがありました。約束した期日を過ぎても返そうとしないどころかなんの連絡もない。その件に思いを巡らすだけで不快になります。

あきらめるという道では腹の虫が収まりません。そこで弁護士を雇って回収してもらうことにしました。

嫌なことから目を背け、心にしこりがある状態で日々を過ごすのは健康的ではなく、生存の欲求が満たされません。これは独特の思考かもしれませんが、わたしは問題があると徹底的に掘り下げます。何事も嫌なことはいい加減にしたくない、うやむやにはしたくない。だから解決のためには、損得を超えてお金や時間をかけます。これは金銭ではなくわたしのプライドを賭けた問題で、わだかまりがなくなるまで取り組み決着をつけよう。そんな覚悟で臨みました。

かといって、自分ですべてやろうとすると、ますます腹が立ってきます。そこでほかの人にお願いをする。これも過去の犠牲者にならないためのひとつの方法です。

期待調整のメカニズム

不安は行動を抑止します。人は誰もが安心・安全の空間から出たくないからです。これはスタート前の不安だけを意味しません。

わたしは若くして事業に失敗したので、とにかく稼ぐためにブリタニカに入って脇目も振らずセールスに打ち込みました。借金で首が回らない状況でも最初の1ヵ月間はまったくオーダーが出なかったので、先行きの見えない不安からドロップアウト寸前でした。

今が不安だらけだと、どうにかして脱け出したいと思います。

苦痛が大好きという人はいません。人は誰でもつねに快適感情を味わっていたいと思っています。それを得る方法は大きく分けてふたつあります。「苦痛からの解放」と「現状維持」です。

ここで、人が**期待を調整するメカニズム**について身体を使って理解してみましょう。

両手を開いて腕を前に伸ばしてみてください。

左手が求めるもの（思考）、右手がしていること（行為）です。

両手をパチンと合わせます。

この状態が成功です。達成です。願望実現です。このとき人は快適感情を味わいます。


次に右手の位置を少し下げてから、先ほどと同じように両手を水平に動かしてください。

右手と左手がクロスするはずです。

この状態が苦痛です。悩みです。逆境です。欲求不満（フラストレーション）を味わっています。

左手に求めるもの（思考）と右手にしていること（行為）が一致すると快適感情（快感）を味わい、不一致だと苦痛感情（フラストレーション）を感じる。

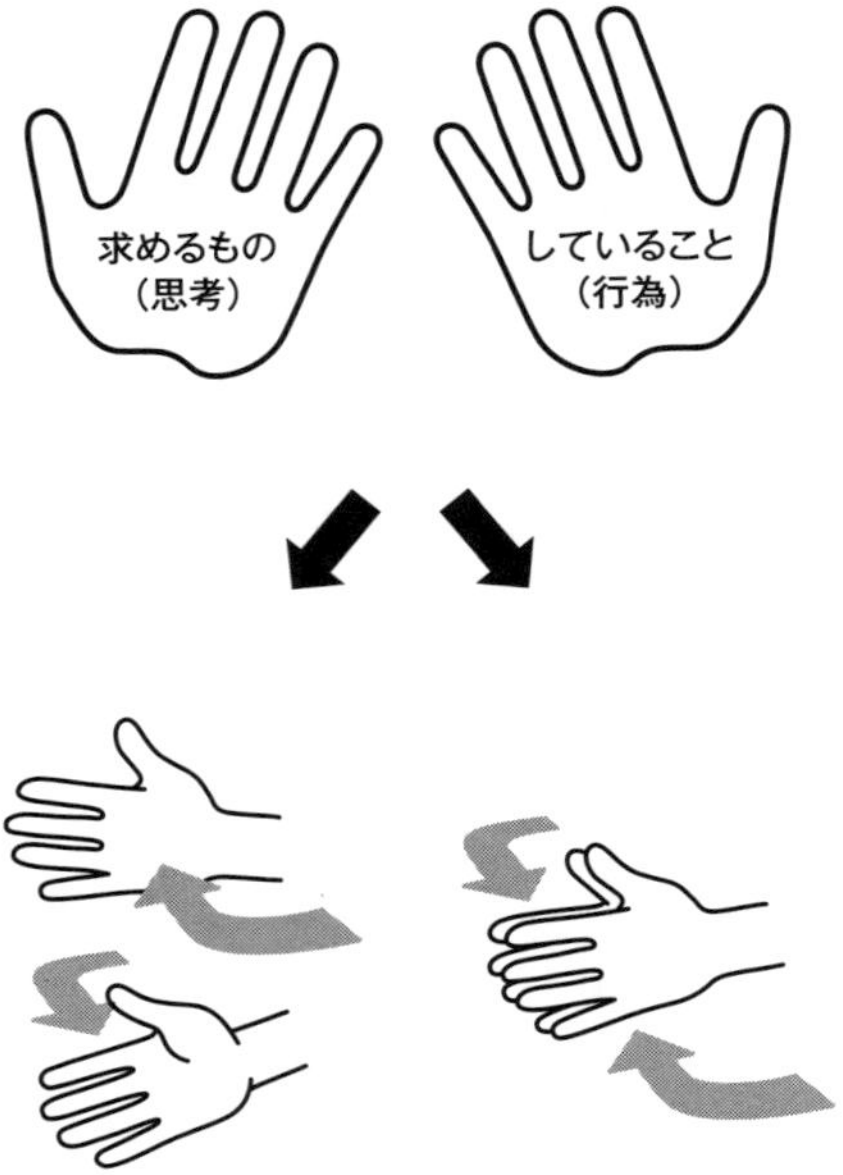

思考と行為の不一致
苦痛感情

思考と行為の一致
快適感情

思考と行為を一致させ続け、快適感情を味わうために、目標達成を習慣にしましょう。目標をめざすとは〝勝手を知っている〟領域から未知の領域への移行でもあります。不安になるのは当たり前です。長年沁みついた生活習慣を変えるのは容易ではありません。ある意味では生き方を変えることだからです。

そこで、人は瞬時に「習慣を変えて求めるものを手に入れたい」という欲求と「今がラクだから、このままでいい」という欲求を天秤にかけます。よほど求めるものが強くなければ、期待を調整して現状のままでいようとします。

つまり、左手の求めるもの（思考）を下げて、右手（行為）にパチンと合わせようとします。自動的に期待を調節するわけです。

行為を思考に合わせるのか、思考を行為に合わせるのか。いずれにして

人は苦痛感情を予測したり、味わうと左手の求めるもの（思考）を下げ、右手のしていること（行為）に一致させて快適感情を得ようとする。

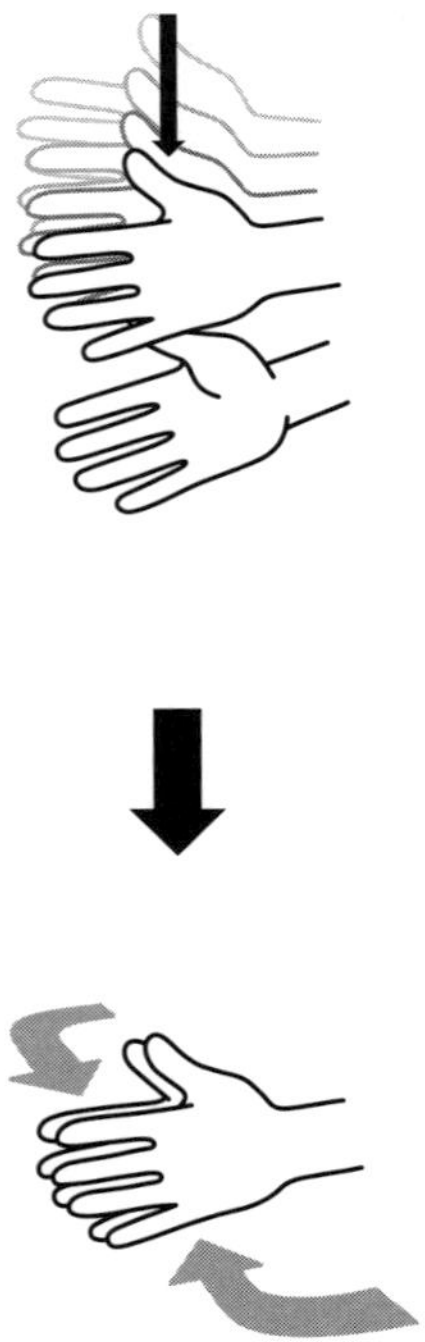

も、誰もが望むものを手に入れようと（快適感情を得ようと）行動しています。

「求めるものが手に入らないかもしれない」「先が見えない」。こう思った瞬間に不安や恐れが生まれます。すると瞬時にリスクを回避して現状維持に努めたり、不安の源から離れようとします。不安による行動の抑止は、不安を鎮めようとする無意識の行動とも言えます。

ほんとうに求めるものを手に入れようとすれば成長が不可欠です。**物事を肯定的に捉えられるようになる**と言い換えてもよいでしょう。

今の自分を変えようというのですから、さまざまな障害が生まれます。ただ前向きな姿勢があれば取り組めます。成功者とは成功するまでやり続けた人です。今の自分には不可能でも、成長すれば乗り越えることができます。そうして実現に近づいていくのです。
逆境は成長の機会なのです。ところが、多くの人が逆境を乗り越える前にあきらめてしまいます。だから失敗が決定してしまうのです。

不安や恐れは行動を抑止します。そのときあなたがコントロールできるのは、思考と行為だけです。手持ちの札は思考と行為しかないのです。乗り越えられるかどうかは、それらをどう活用するかによって決まります。

新しい挑戦とは未知へのダイブです。うまくできないかもしれない、苦痛を味わうかもしれないという恐怖が首をもたげてきて、やらなくて済む方法、逃げ道を探そうとしがちです。
そんなとき、わたしは「天から与えられた試練」と考えます。そもそもコントロールできないものなら、回避のしようもありません。割りきって取り組んでみると、一歩踏み込んだ先に光明が見えるものです。

痛みと快感はパッケージと考えておくのもよいでしょう。痛みを乗り越えた先には快感がある。「苦あれば楽あり」の言葉どおり、先に苦痛を代償として支払うからこそ、快適感情を味わうことができます。

行動できる人、うまくいく人は前提が違うことにお気づきでしょうか。恐れを避けるのではなく、受け入れるところからスタートしているのです。恐れを受け入れる思考は意識して行動を重ねることで定着していきます。あなたは痛みも経験のうちだと思って行動できるでしょうか。

成長しなければコントロールできる範囲、すなわち勝手を知っている心地よい領域は広がりません。成長には痛みがつきもの。成長を求めて主体的に痛みを味わってきたのか、苦痛を回避してラクを選んできたのか。その積み重ねが、困難や障害に対するあなたの見方、前提をつくります。

あれこれ考えていても時間は過ぎていきます。問題に直面したとき、どんな心構えで臨むのが理想的か。心の前提を定義しておいて、体験・経験主義で生きたいものです。

人生をデザインする5つのステップ

やるべきことがわからずに動けないという人は、一度、自分の人生をデザインしてみましょう。誰のためでもない自分の人生です。難しく考える必要はありません。

自分は何が好きなのか、どんなことを実現する人生を生きていきたいのか。漠然とでもいいので、自分のキャリアプランをつくってみましょう。願望は途中で貼り替わるものですから、将来的に変わってもかまいません。現時点で求めるものを、いつまでに手に入れたいのか描くのです。そのフレームワークとして、わたしは人生を5つの段階に分けています。

まず**学習の段階**、次に**指導力開発の段階**、それらを土台に**挑戦の段階**を経て、**富の形成の段階**に入り、最後は**社会還元の段階**で一生を終える。種が蒔《ま》かれ、成長して、実り、それがまた地に落ちる——自然界のサイクルに沿ってつくりました。

キャリアデザインは、ゴールから逆算するといいでしょう。自分にとっていちばん大切なものは何か、変えてはいけないもの、譲れないものを明確にして紙に書き出します。

20代は成長のときです。学習という栄養を与え続けないと、どれだけ潜在能力があっても十二分に発揮されません。「若いうちの苦労は買ってでもしろ」と言われるとおりで、あれこれと頭で考えずに、まず目の前のことに精一杯取り組んでください。人生の土台をつくり上げましょう。

わたしは30代前半に入ったところで独立し、アチーブメントという人材教育のコンサルティング会社を立ち上げました。現在140名規模になっています。これも偶然ではありません。すべてわたしが設計したキャリアデザインがベースになっています。

これは、1日で見ても同じことが言えます。朝の貴重な時間を効率的に使うためには、どうしたらいいでしょうか。

人生と同様、あらかじめデザインしておけばよいのです。前日に着ていく服や持っていく物を準備し、時間があれば靴を磨いておく。すると翌朝、自分がイメージしたとおり、気分よくサッと出かけられます。

何事も順序をもって定めるべし。

わたしの座右の銘です。プランニングを疎かにすると、どこかで無理が生じます。快適な日々を過ごしたければ、快適な1日をデザインし、将来的にも快適な日々の実現につながっているのかを検証しながら、プランの精度を高めていくことです。

5つのステップ

参考例

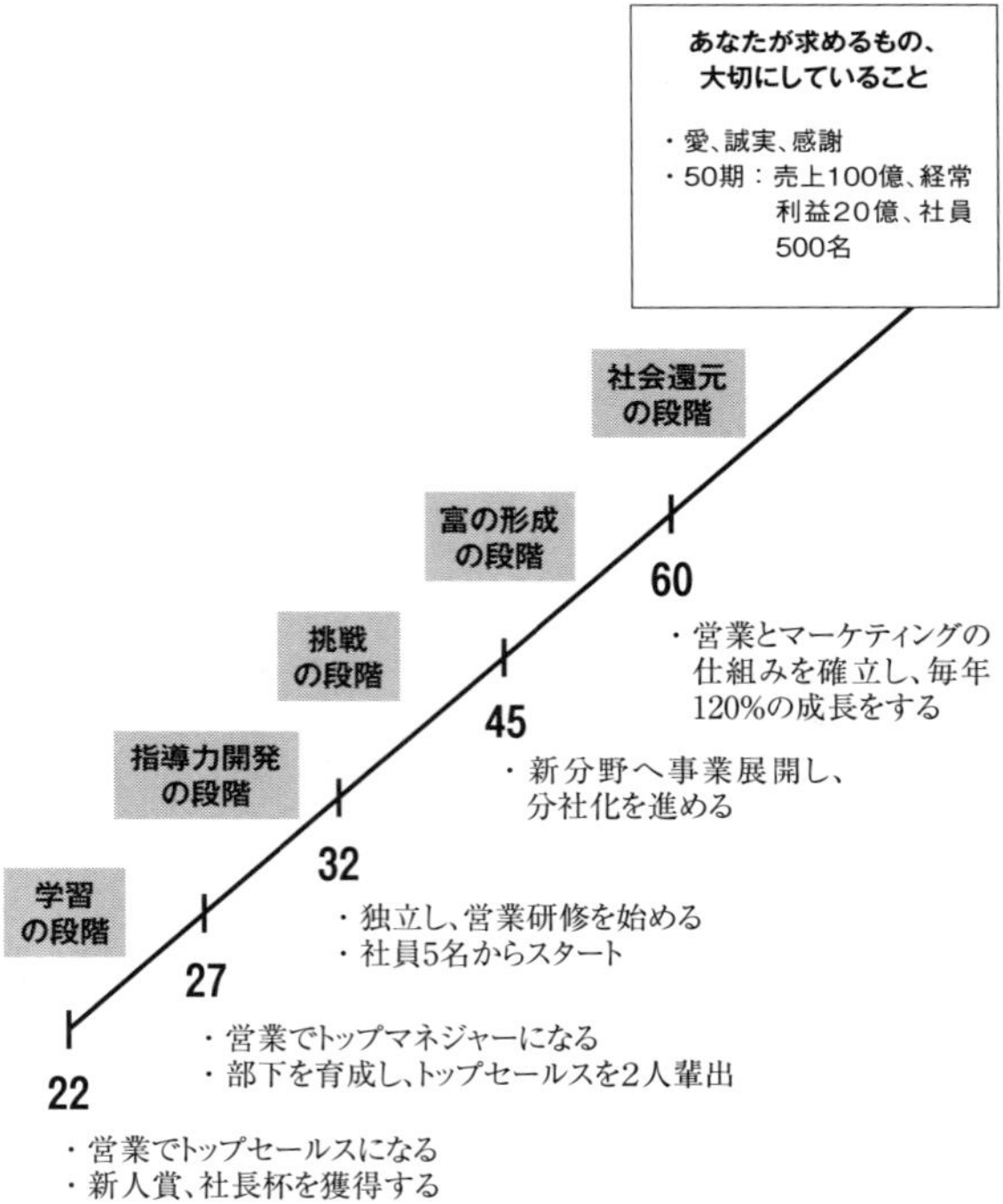
あなたが求めるもの、
大切にしていること
・愛、誠実、感謝
・50期：売上100億、経常利益20億、社員500名
社会還元
の段階
富の形成
の段階
挑戦
の段階
指導力開発
の段階
学習
の段階
60
・営業とマーケティングの仕組みを確立し、毎年120%の成長をする
45
・新分野へ事業展開し、分社化を進める
32
・独立し、営業研修を始める
・社員5名からスタート
27
・営業でトップマネジャーになる
・部下を育成し、トップセールスを2人輩出
22
・営業でトップセールスになる
・新人賞、社長杯を獲得する

あなたのキャリアデザインを書き出してみよう

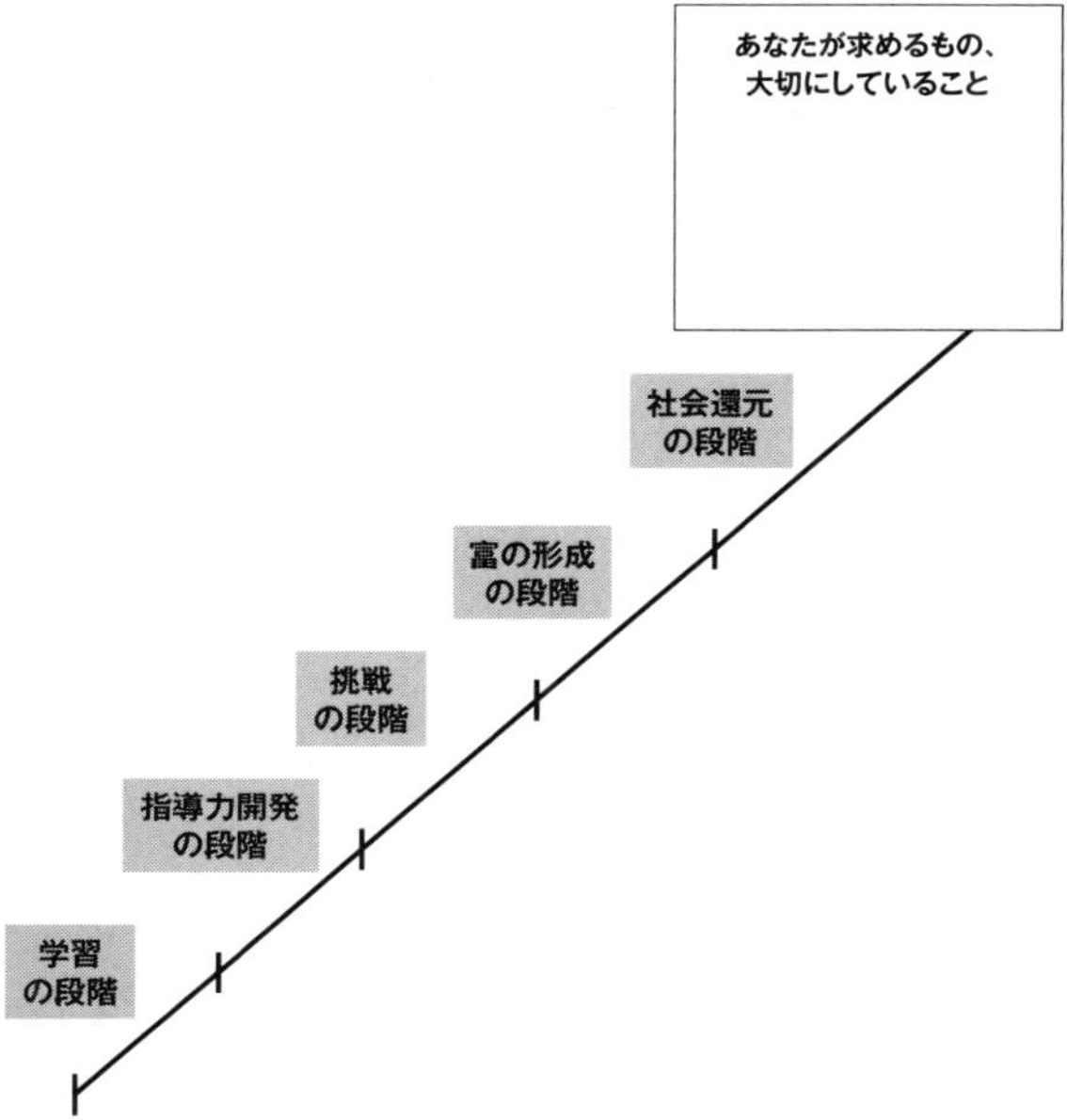

わたしの頭の中には、長期目標を実現するためのシナリオがあります。達成するための戦略を立てて、戦法を考えて、戦術を決める。的外れな努力は報われません。明確なゴールから逆算された1日の予定を消化することです。

人間の脳は、成功のナビゲーションシステムです。いつも目標を意識し、達成するための方法を投げかけていれば、自動的に道筋を示してくれます。あとはそれに従って、その日1日の実行すべきことを完遂すればいいわけです。

ナビを活用するためには、目的地が必要になります。それが先ほどお話した5つのステップに基づくキャリアデザインです。

今日の成功にベストを尽くそう

人生を5つの段階に分け、目標を立てても、目標達成への道のりは1日単位で考えます。

まず朝早く起きて、目的・目標を確認したら、なすべきことをリストアップします。そこに優先順位をつけて、いつ、どのくらい時間をかければ消化できるのかを考えて1日のスケジューリングをします。その日中に終わらないものは、どこまで進めるかを書き出します。

あとはプランどおりに実行してひとつずつ完了させるだけです。行動すればノウハウが蓄積されるので、コントロールできる領域が拡張することに気づくでしょう。いわゆる〝できる人〟になれます。一定の成果が出ると周りの人が認めてくれたり、自分自身でもおこなったことを承認できて自信が湧いてきます。

自信が形成されると物事に対する決断が早くなります。できるという前提があるので、判断基準が「できる・できない」ではなく「する・しない」になるからです。

「する・しない」の世界に入ると、自分の能力よりも「役割」や「めざしているもの」に焦点が当たるようになっていきます。「自分のなすべきことは何か」を徹底的に深堀りしようとします。ひとつのことを持続・探求する姿勢です。

運が開けるとは、一心不乱に何かを追求し続ける先に開けてくるものではないでしょうか。行動の幅が広がることで縁の薄かった人たちとの交際が生まれたり、努力が見込まれて「こんなことをやってみないか」と声を掛けられる機会にも恵まれるはずです。

「あなたのめざしているものはすばらしい。一緒に歩んでいきましょう」。こんな風に応援してくれる人が現れて、あなたを中心とした組織ができるかもしれません。とにかく他人を大切に扱い、自分の周りをうまくいっている人たちでいっぱいにしましょう。少しずつ道が拓かれていきます。

継続を生み出す最小単位は3日です。そして3週間、3ヵ月。わたしはこれを「3日、3週間、3ヵ月能力開発プログラム」と呼んでいます。

1日取り組むことさえ難しいという人は、3時間からでも始めてください。1日のうち3時間だけ、自分がほんとうに求めるものを手に入れるために投資する。時間資源は皆、平等です。人生を左右するのは使い方です。

ですから、毎日3分間のセルフカウンセリングをしてほしいのです。1日の終わりに「今日という日を、自分がほんとうに大切にしているもの、心の底から求めているものを得るために効果的に過ごすことができたか」を自らに問いかけます。

もし、できていなければ、明日の課題としてメモしておきます。そして、翌日の朝、同じように3分間を使って、効果的な1日を過ごせるかをセルフカウンセリングします。時間が取れるなら、昼休みを利用して午前中を振り返ってみる。さらに成功のナビゲーションシステムは精度を高めるでしょう。

このようにして1日3回、朝・昼・晩のセルフカウンセリングを3日、3週間、3ヵ月と続けてみましょう。

運の強さは生きる姿勢で決まると思っています。今日という1日を振り返って、少しでも成長できたと言えるでしょうか。

精一杯走りきったと自分自身を承認できる1日を過ごしているとき「なかなか行動できない」という悩みは消え去っているはずです。

心を強くする情報

「今の自分が大嫌いです。こんなわたしでも変わることはできますか？」

ある受講生の方から受けた質問です。

もちろん変われます。ただし、ひとつだけ条件があります。「自分自身が心から変わりたい」と願っていることです。

わたしも同じように感じた経験があります。恋愛で失敗したとき、自己概念が下がって何もかもがうまくいかないと思い込み、「生きてて楽しいことなんて何ひとつない」と勝手に落ち込んでいました。

この方も、本質的には自分の重要感が得られないのでしょう。なぜなら自分の価値に気づいた人は、その価値にふさわしい生き方を選択するからです。

口に出さないまでも、無価値感を潜在的に感じている人は数多くいます。「自分が嫌い、自分はダメな人間だ」と思い込んでいる人は、人生そのものまで投げ出しがちです。願望も曖昧なのです。

親に対するマイナスの感情が原因の場合もあります。「親から愛されていない」「こんな親の子どもになりたくなかった」と、自分のルーツを心の奥底で否定していれば、いつまで経っても自分を好きになれないのは当然でしょう。

しかし、考えてみてください。あなたが、この世に生まれたことはまぎれもない事実です。ご両親が愛し合っていたからあなたは生まれてきたのでしょうか、それとも憎しみ合っていたからでしょうか。

あなたは愛の結晶なのです。だからこそ、あなたは生まれてきただけで価値があります。そして、その結晶を磨き上げることができるのは、あなただけなのです。

いま日本では夫婦の3組に1組が離婚していると言われます。もはや離婚は特別なことではないでしょう。ですから、もしご両親の離婚がトラウマになっていれば、誤った考えのもとに生きていることになります。

ご両親はあなたのことを大切に思っていなかったから、別れたわけではありません。あなたのせいで別れたわけでもありません。ただ別れたかっただけ。お互いの愛が冷めてしまったのです。

夫婦生活がうまくいかなくなったことと、あなた自身の価値にはなんの関係もありません。そうした思いがあればすべて虚です。真実ではない、一方的な思い込みです。親が離婚しても、それは親の問題。あなたはあなたとして健全な自己愛を育んでいきましょう。

人間関係や経済的な問題を抱えた多くの方がわたしの研修に訪れます。人生に正解はなく、価値のない人生を歩んでいる人も誰一人としていないのです。

自分で人生のストーリーを書き換えないかぎり、人生は変わりません。ストーリーとは思い込みのことです。あなたの世界や人、モノに対する見方です。「人生の」がつくと、人生に対する考え方、生きる前提と言い換えられます。

「変わりたいけど、変われない」と思っている人は、マイナスのストーリーをつくっています。無意識で「変わりたい！」よりも「変われない」にフォーカスしています。マイナスの思い込みを捨て去るのに最適な方法は、よい書物、よい仲間、よい仕事、よい映画や音楽など、**上質の情報に触れる**ことです。すると、関心の対象が徐々に変化していきます。

「自分の人生に起こることはすべて自分の責任だ」という意識が芽生えた瞬間に、じつはあらゆる状況が自分の力で変えられるものだったということとに気づくのです。つらいことがあっても「自分の選択が悪かった」「あの行動が返ってきたのだな」と反省するからです。

自分の身に起きることは自分でコントロールできるものになります。プラスのストーリーに置き換えれば、人生は喜びに満ち溢れたものになります。そのために、日ごろからよい考えをもてるように学習するのです。

読書において、なるべく幅広い分野の書物を読むように意識しましょう。本を選ぶ基準は〝実《じつ》〟があるかどうかです。わたしは「アメリカの投資家ウォーレン・バフェットは、なぜ一代であれだけの財を築けたのか？」「アメリカの大富豪ロックフェラー家が成功した要因は何か？」など、実際に成功している人の経験をベースに書かれているものが好きです。内容が気に入れば、何度も繰り返し読みます。

反対に実がないなと思うのは、ビジネスで成功したことのない人が書いた「億万長者になるための本」などです。ほとんど参考にしません。なぜなら真実がないからです。いつも自分は等身大で勝負したいし、そうして歩んでいる人からの情報にこそ価値があると考えています。

よい情報に触れましょう。上質な情報との出会いには、人生を根本から変えてしまう力が秘められています。

弱さを克服する日常生活のルール

人生は、1日の質をどこまで高めていけるかで大きく変わります。

とはいえ、1年365日、毎日パーフェクトにやるべきことを完了させて過ごすのは難しいでしょう。時には誘惑に負けたり、快適感情に流されてしまうこともあります。それが人間です。

人は完璧ではありません。そこで習慣の力を借ります。よい習慣を身につければ、高いところから低いところへ水が流れていくように、がんばることなく計画どおりの1日を過ごせるようになります。次の図はわたしのとある1日です。

パターン化	5：55	目覚めたらベッドの上で軽くストレッチ、コップ一杯の水を飲み、前日に用意した服を着て、家族と一緒に朝食
	6：30	息子を車で送ったあと、お気に入りのカフェへ ※車内では能力開発のCDなどを聴く
		カフェで目的・目標を確認し、その日１日の行動計画を細かくチェック
仕事内容 ※日によって異なる	8：00	出社。関連子会社の会議
	9：00	決済
	10：00	学生向けの講演
	11：00	ふたたび決済、スピーチ原稿の作成
	12：00	企画会議
	13：00	お客様とのランチアポイント
	14：00	お客様の来社対応
	16：00	商品開発会議
	17：00	自社企画のセミナー懇親会でスピーチ
	18：00	懇意にしている経営者との会食
パターン化	21：30	帰宅。入浴しながら１日を振り返る
	22：00	明日の洋服選びと準備、靴磨きを終えたら、リビングで家族とゆっくり時間を過ごす。読書
	23：59	就寝

日によって仕事の内容は異なりますが、それ以外の時間の使い方は、すべてパターン化しています。

帰宅するとまず入浴しながら1日を振り返ります。

「今日が人生最後の日だとしたら、悔いのない1日を過ごせただろうか」
「あの発言を相手はどう思っただろうか」
「もっとほかの表現をしたほうが相手の力を引き出せただろうか」
「今日部下に委任した案件は、やはり別の人間にもサポートしてもらったほうがよいだろうか」

起床してからカフェでプランニングし、1日を走ったあと帰宅して就寝するまで、1日の流れをパターン化しているので、習慣というレールの上を進むだけで自然と目標達成に至る最短ルートを歩んでいるという実感がありますす。あれこれ考えて途中で停滞することはほとんどありません。そして、明日は明日でまた新しいスタートを切ります。

「意識してもまったく行動管理ができない」「習慣化できそうもない」という人は、セルフコントロール力を高める訓練から取り組みましょう。次に紹介する方法を試してみてください。

何事も「型」から入る

「行為は感情に先行する」という話をしました。これは「やる気になったら取り組みます」ということではなく、まず行為から入る、型から入るということです。つまり感情は後回し。

わかりやすい例が習い事です。

まず**型を身につける**ことから始める。すると**「できる・できない」と考える間もなく自然とある一定のレベルまで上達できます。**

型は、書物や先輩などから学ぶことができます。よい書物が見つからなかったり、周りにモデルになるような人がいない場合は、研修やセミナーといった学びの場へ参加するのもいいでしょう。学習意欲の高い人たちが集まっているので、成長につながる情報取得も早くなります。

スムーズに次の行動へ移るための型というものもあります。

『頂点への道』講座も、わたしなりの型があります。演台のどの位置に何をどう置くかを決めていますし、必ず水をひと口飲んでからスタートするようにしています。

イチロー選手はバッターボックスに入ると、バックスクリーンにバットを突き出し、袖を軽くたぐる仕草をしてから構えに入りますね。型は集中力を高めます。次の動作へ移りやすくなるのです。


動けないのは、前向きな気持ちになれないからです。よい目的、よい目標に生きる、動機善。いつもよいことが起きると考えていたら、よいことが起きます。

悪いことばかり考えていたら、悪いことが起こります。悪い考えや否定的な考えに心が支配されていたら、表情や態度まで暗くなってしまいます。ひどくなると体調にまで影響します。

そんなときは、無理に前向きになろうとせず、とりあえず型どおりにやってみましょう。行動すると感情がついてきます。

まず行為から入る。「それができないから悩んでいるんじゃないか」という人は、行為を「型」と置き換えてみてください。

「習慣化するまでには努力が必要だ」と思われる方も多いのですが、自分の負荷に合わせて型をつくればいいのです。無理は禁物。たとえば、いきなり「いつもより2時間早く、朝6時に起きよう」と思い立っても3日坊主が関の山でしょう。

まずは、5分でもいいから早起きしようとする。早起きできたら、その結果をきちんと自分自身で承認しましょう。慣れてきて「よし、あと10分は早起きできるな」と感じたら、新たな目標を設定してチャレンジします。

サミュエル・スマイルズは、『自助論』の中で「天は自ら助くるものを助く」と書いています。

自分を助けてくれる者は自分しかいない。
自分の未来については自分で責任をもつ。
自分の人生は、自分の手で切り拓いていく。

人は裸で生まれてきて裸で死んでいく。結局、頼れるのは自分だけです。

「型」はとても重要ですが、手段にすぎません。人生は自分の扱い方によって決まります。**自分の扱い方に責任をもって行動した人が、近い将来、行動できる人になれます。**

それは自分の価値に気づくことから始まります。行動できないと悩んでいる人は、自分を価値ある人間として扱う意識を高めてみてください。

第2章

勇気が発揮できない理由

ネガティブな考えに囚われていないか？

ネガティブなモノの見方や考え方は貧乏の源です。

不平、不満、妬み、憎しみ、絶望感、過度の自己批判、自己憐憫、罪悪感……。マイナスの波動をもつ感情はたくさんあります。これらはすべて事実ではありません。どれも、その人の解釈や捉え方からきたものです。

理想のイメージと現実にギャップがあると、期待の天秤が傾きます。それが苦痛です。苦痛から否定的な感情が湧き起こります。

ネガティブな考えに囚われてしまうと、なかなか次の行動に移れません。「どうせやっても」とか「どうせ自分なんか」などと、取り組む前から否定的な見方をします。これでは行動できないのも無理はありません。

「自分なりに精一杯がんばっているのに、思うような成果が出ていない」

このような人もマイナスの思考になっていないかをチェックしてください。前述した3分間のセルフカウンセリングで振り返るのです。

ネガティブになっていると、まず物事に集中できません。心の奥底では、嫌だ、無理だと思っているので、懸命に取り組んでいるつもりでも気が分散しています。

セールスで「どうせ断られる、行きたくない。でも行かないと上司に怒られるから行くしかない。嫌だな、嫌だな」と思っていれば、面会をしてもイエスはもらえません。この人の意識下には、できないという自己イメージと上司への抑圧された怒りがあります。この否定的な考え方が無意識に失敗を導いているのです。

わたしの場合は、**ネガティブな考えを引き起こした原因を掘り下げて徹底的に突き詰めます。**そして、どうしたら改善できるかを考えます。改善できるようであれば、解決に集中し、できないようであればコントロールできないと割りきるか、できる人へ任せます。しかし、このような問題解決型のアプローチは、慣れるまで多少の訓練が必要です。

なるべくなら意志の力ではなく、無意識に〝できる〟という前向きの確信を根付かせたいものです。

「自分はできる。自分はできる。自分はできる」

古典的手法で抵抗のある方もいるかもしれません。しかし暗示の力を使うのは実際にとても効果があります。わたしも若いときはマイナスの感情に囚われがちだったので、必死に暗示をかけていました。

そこまでしたくなければ、普段からなるべく肯定的な言葉を使うよう心がけてください。また、できるかぎり**感謝**で物事を括れるようにしましょう。心の中心に「感謝」を置くことができれば、人生に起こることすべてが一変します。

たとえば家でコーヒーを入れようとカップを手にしたところ、飲み口に汚れが残っていました。このとき、あなたならどう思うでしょう。

「なんだよ、きれいに洗えてないじゃないか」ですか？

「いつも洗ってくれてありがとう。これぐらい自分で洗えばいいや」でしょうか？

感謝の気持ちは、生きる姿勢を変えます。目的地が南にあれば、南へ向かって歩かなければなりません。北へ向かってはダメなのです。よい人生を生きたければ、プラスの波動を言動で示していくことです。

「恐れ」によって行動が抑止されていないか？

「恐れ」が強すぎると行動ができません。恐れは行動を抑止します。

独立・開業は「暗闇への飛躍」という例えがあるほど、誰にとっても不安なものです。でも、なんの保証もないなかで会社を辞め、自分の会社を興す人がいます。

恐れに打ち勝つ心は、単純な「勇気」です。
では、その勇気はどこから生まれてくるのでしょうか。
詰まるところ、純粋にやってみたいという**好奇心**ではないでしょうか。

わたしは好奇心の強い子どもでした。毎日のように川、山、田んぼで、昆虫やカエル、メダカ、ザリガニを捕まえては飼っていたことを思い出します。60代を迎えたいま、興味の対象は変わったものの、好奇心は衰えていません。

これまで経験したことのないものには、誰でも恐れを感じます。
自動車の免許を取って、はじめて路上に出たときのことを思い出してみてください。心臓をドキドキさせながら、ハンドルをギュッと握り締めて運転したはずです。

ところが、しばらくすると慣れてきてほかの車の動きや人の動きが読めるようになり、だんだんと恐れや不安がなくなっていきます。同時に運転が楽しくなってくる。


赤信号になると人も車も止まり、青信号になるとふたたび動き出す。信号が青だからといって横から車が突っ込んでこないという保証はありません。相手が信号を見落として、ぶつかる危険だってあります。

それでも車を運転することができるのは、周りのドライバーを信用しているからです。これまでの経験から信じられるとわかっているからです。

逆にドライバーとしての経験が少ないと、恐怖に襲われ行動が抑止されます。それがヒヤヒヤ、ドキドキになるわけです。

恐れは経験というピースが足りないときに生まれやすくなります。仮説構築できないので先行きが計算できず、不安になります。

こうした見通しがない状況でも、勇気をもって飛び込んだり、問題を深掘りして恐れの根本的な原因を浮き彫りにしようとするのは好奇心です。

成功するまでやり続ける人と途中であきらめてしまう人。世の中には2タイプの人がいます。いずれにせよ、人生すべてが順風満帆の人なんていないでしょう。皆、どこかで何かしらの苦痛感情を味わっているはずです。その経験を糧にすることで、選択の質が高まります。

未知の物事を探求する好奇心、新しい体験への期待は生きる推進力です。興味関心のあることでいいのです。成功するまで掘り下げて経験を積んでいきましょう。ひとつのことで自信がつけば、興味の幅・深さが広がっていきます。

不安を払拭する心の働かせ方

どんな仕事でもやはりキャリアは必要です。経験から全体の流れをイメージできるようになります。物事をうまく展開させるためのイマジネーションも働きます。つまり、スムーズに完了までもっていけます。

『頂点への道』講座はすべて段取りが決まっていると述べました。何時に会場入りして、用意しておくべきもの、登壇、最初の一言、話の運び方、休憩を入れるタイミング……。

頭の中でイメージできるようになるためには、ピース（経験）が必要です。３日間の研修で話す内容から段取りまですべてを暗記しようすれば大変です。ピースの多くは、経験的に身体に沁みついたものだったりします。

経験が少ない人ほど抜けが多くなり、恐れが生じます。無理に自分を大きく見せようとするのは不毛な努力です。いっそ周りに身を任せてみてはどうでしょうか。経験が少なくても、**貢献をベースにした確かな目的や動機、志**などがあれば恐れを払拭することができます。行動に裏付けができるからです。

自分は何ができるのか。周りに質問をしてみて、幸運にも経験豊かな先輩から前向きなアドバイスをもらえれば自信になるでしょう。

経験が足りないのは、仕方のないことです。大事なことは最善を尽くすこと。自分がよいと思った方向へ動きましょう。いま取り組んでいることも、自分で選択した結果なのですから。

人生には何ひとつ無駄な経験はありません。うまくいかなかったことを含めて、すべてが必要な経験です。苦しみの真っ只中にいるときはそう思えないかもしれません。ただ、あとで振り返ったときに「ああ、あのときに自分は成長したんだな」と気がつく日が訪れるでしょう。よく言われることです。

わたしも若いころは転職を繰り返していました。無目的・無目標でうまくいく道ばかり探していました。

いまは「無駄な経験などない。日々、最善を尽くすことで道が切り拓かれる」という感覚が身についているので、とにかく今に集中できています。

どうしても行動できなければ、自分よりも経験のある人に話を聞きましょう。話を聞くだけです。自分で自分を変えることが難しければ、よい意味で他人から影響を与えてもらうのです。うまくいっている人は、やりがいや楽しみを味わっているはずですから、きちんと教えてくれるものです。

行動こそ真実。行動の利点は、必ずある結果をもたらしてくれることです。考えるだけでは、現実は変わりません。行動が人生を前進させます。

あれこれ考えて立ち止まりたくなることもあるでしょう。しかし、実行しようと思ったらそれに向かって邁進し、あとは行動していくなかで考えるのがピースを集める効果的な方法です。人は走りながらだって考えることができます。

「欲」はあるか？

一般的に「欲」という言葉は肯定的に捉えられていない気がします。どうしても「強欲、自己中心的、他人を押しのけてでも勝とうとする」といったイメージがあるのでしょう。

しかし、欲がないところにチャレンジは生まれません。向上心という言葉があります。これも考えてみれば欲のことです。大欲がある人ほど行動できるし、経験を重ねることができます。

こういう人間になりたい。

こういうライフデザインで生きていきたい。

理想のイメージを求めるあくなき探究心とでも言えばいいでしょうか。求める心が強ければ強いほど、自分の願望に沿った現象が起こりはじめます。俗に言う「引き寄せ」です。

はじめは我欲でもいいと思います。大事なことは、あなたの内側から湧き出る「何か」に火をつけて行動へつなげることです。

行動すればするほど、意欲が溢れてきます。欲は悪いものではありません。欲のエネルギーを解放して、最初の一歩を踏み出しましょう。

どうしたら勇気が湧いてくるのか？

「大変だ、しんどい、面倒くさい……」こうした苦痛感情が先行してしまうと行動を起こしにくくなります。誰でも苦痛感情は味わいたくありません。それでも物事をやり抜く人もいます。大きな違いは、**将来の見通し**をもっているかどうかです。

見通しがあれば自分から主体的に代償を払う。つまり、苦痛感情を受け入れることができます。完結のイメージを描ければ、乗り越えようと思えるのです。

どうすれば見通しができるのでしょうか？

それは、突破体験や成功体験から生まれます。動かなければ現実は変わりません。「見通しがない」「やり方がわからない」「過去の失敗が原因で最初からあきらめている」「どうせ報われないという思い込みがある」といった人たちが見通しをもつためには、行動してみるしかありません。

現実になんらかの結果が出れば、「次はこうしよう」「こうすればいいのだな」とイメージできるようになります。

最初は**小さな見通し**をもつことを目標にしましょう。「今日の午前中にこの2つのタスクを完了させる」と決めて、それを実行する。計画どおりに進めば、次の見通しにつながっていきます。

予定どおりに進まなかったとしても「次からはもう少し時間的に余裕を見たほうがよさそうだ」と、判断材料が増えます。

午前や午後、あるいは数時間刻みでもかまいません。自分がコントロールできる最小単位に1日を切り分けて始めてみてください。

自分の行動に意図をもつと、成功と失敗の原因が明確になり、改善の方向性が見えてきます。コントロールできる範囲が拡張する実感も得られるでしょう。**見通しはつくるものです。**打つべき手が見えると、次々と行動が連鎖していきます。

どうしても見通しがもてないという人は、ほかの人へ貢献することを当面の目標にしましょう。わたしは相手の期待に応えたいという思いが強かったので、はじめは上司のために、とにかく結果を出そうとしました。

「自分のためだけだと、この程度でいいやと妥協してしまう」「小さな見通しだけでは、本気になれない」という人は、「この人に認められたい」「この人を喜ばせたい」という思いをエネルギーに変えてがんばってみるのはどうでしょうか。

貢献に限界はありません。続けていれば、自分を引き上げてくれる人も現れます。そこから次のステージが始まるのです。

後ろ向きの苦労を選んでいないか？

「若いときの苦労は買ってでもしろ」という言葉を引用しました。これは好き好んで苦労しようということではありません。前向きでも苦しみながらでも、実行していれば障害や課題は自然と出てきます。

苦労には、前向きと後ろ向きの2種類があります。

前向きの苦労とは、チャレンジのことです。苦労した分だけ経験と力になります。後輩にもアドバイスできます。高い目標を設定して、そこに向かって努力していると、周りの人が力を貸してくれるようにもなります。

後ろ向きの苦労は、嫌々しているので糧になりにくいものです。キャリアにならない、努力が報われないことも多々あります。不平不満が募れば、周囲からも相手にされないでしょう。好き嫌い関係なく、全責任を負って自分の愚かな行為を償わなければならないという苦労です。

わたしはよく「無計画とは失敗を計画することだ」と言います。流されて目的意識もなく好き勝手していると、必ずあるときに負債を負うことになります。負債は返さないといけないので長期間代償を支払うことになります。もちろん、それも経験です。ただ、前向きな苦労をするまでには回り道になります。

若いころのわたしは、自己中心的で周りにもたくさん迷惑をかけるような人間でしたから、しなくてもよい苦労を背負ってしまいました。ゼロどころかマイナスからのスタートでした。愚かさからくる苦労はできるだけしないほうがいいでしょう。

もちろん、目標が高ければ代償も大きいので、挫折感を味わうこともあります。しかし、現実を甘く見て愚かな失敗を犯すよりも、早い段階で壁にぶつかって打ち砕かれたほうがいいと思います。こうした話は、大きな挫折経験がなければ、実感は湧かないかもしれませんが。

いずれにしても、人生には山があって谷がある。無理に平坦な道を歩こうとしても、感動は少ないものです。

とてつもなく長い距離を歩き続けるか、もしくは険しい道を登っていくか、どちらにしても自分に負荷をかけないかぎり、成長、達成、感動は生まれてこないでしょう。

どのような人生の道を選ぶかはあなたしだいです。目の前のことから逃げず前向きに生きていきましょう。

自分は打たれ弱いと思っていないか？

ほめて育てるということが盛んに取り沙汰されています。基本的にわたしはほめることに大賛成です。お世辞は別として「ほめる」という行為は、相手の自己概念を高めます。相手のよい部分を承認する、賞賛する。肯定的なフィードバックは人の力を引き出します。

歩みはじめると、たくさんの壁が立ちはだかるはずです。目の前に障害が現れただけで「自分には乗り越えられない」と尻込みしてしまう人がいます。そうして打たれ弱い自分を批判したり、非難してしまう。

よく考えてみてください。はじめから打たれ強い人なんていません。いままでたくさん限界突破してきたか、これから突破体験を積むか。それだけの違いです。

人生とは生まれてから死ぬまでの時間の総和。今日まで、どれだけ自分の心の弱い部分を認めて向き合ってこられたか、自分の心の中にある不安や恐れを感じながらも、乗り越えようとしてきたかどうかです。

別に打たれ弱くたっていいんです。打たれることは仕方がないことです。ただ、自分が打たれ弱いということを自分で認めてあげてください。「打たれ弱いから……」と卑下してしまうと、ますます自分の力を信じられなくなっていきます。極論は打たれ弱いことを楽しむぐらいに打たれまくってみてください。打たれても打たれても、続けることはできます。

わたしもブリタニカ時代、どんなにつらいことや嫌なことがあってもセールス活動はやめませんでした。するとマネジャーになるチャンスが巡ってきました。

マネジャーになると、セールスのときとはまた違った苦労がありました。自分ではなく部下の成果を管理する仕事だからです。思いどおりにならないことも多く、何度も挫折を味わいました。でも、あきらめずに自分のセールスマインドとスキルを伝え、部下が成果を出せるようにサポートした結果、トップセールスが輩出しました。

その後、能力開発のコンサルティング会社に移りました。これもはじめからうまくいったわけではありません。独力で結果を出すことが求められました。とにかく行動量を上げてマーケティングセミナーを繰り返し、マネジャーから役員へ昇格することができました。

そして32歳で創業。資本金５００万円、社員5名。ここでも千代の富士の引退記念プログラムをつくり、まったく売れずに打ちのめされました。1億５０００万円分の在庫。妻のお腹に娘がいるとき、わたしは無一文でした。

その後、息子を授かりました。妻はオフィスで破水し、そのまま病院に駆け込んで息子を出産しました。そのころは臨月を迎えた妻でさえ、必死でオフィスを守っていかなければままならない状況だったのです。

こうした状況でもただひとつ続けてきたことがあります。それは**あきらめない**ことです。独立して最初にいただいた仕事は、5万円のコンサルティング。そこから継続して少しずつ広げていって１４０名規模の会社になりました。

これからも継続して世界最高峰の人材教育コンサルティングカンパニーになるまで打たれ続けていくことでしょう。

打たれ弱くたっていいじゃないですか。わたしだって打たれ続けています。決して打たれ強いとは言えないかもしれません。ただ、打たれても打たれても歩みをやめなければ、少しずつできることが増えていきます。

成長に焦点が当たれば、できない自分を低く見たり、他人からどう思われるかは気にならなくなります。行動することで、打たれ弱いという思い込みを凌ぐ、自らの底力を感じられるでしょう。

第3章

成果を出せない受け身な人

行動力の前に断る力を高めよう

真面目でがんばり屋な人はたくさんいます。努力を重ねながら成果につながらないと「まだ努力が足りない、まだ足りない」と自分に鞭を打って、さらに努力しようとする。とにかく自力でなんとかしようとする人ほど煮詰まっていきます。

一体なんのための努力でしょうか?

自己実現したり、誰かを幸せにするためでしょう。努力の恐ろしさは、成果が出ないときに〝努力が足りない〟と自ら思い込んでしまうことです。

基本的に努力は尊いと思います。しかし、わたしは「努力よりも正しい選択を優先する」ことを、つねに念頭に置いて行動してきました。

行動力とは決断力とも言い換えられます。

「人生は選択で決まる」といつも受講生にメッセージしています。選択・判断・決断が行動の質を決め、行動によって未来がつくられます。思考は行動となって、現象を起こすのです。

「正しい選択」とは、今していることが目的・目標の達成にもっとも役立つということです。最優先すべきは、目的・目標の達成。まず目的を明確にし、それを成し遂げるために逆算した行動をする。決して難しいことではありません。

この思考は、行動の価値を何倍にも高めてくれます。やみくもに家を建てるのと、設計図を見ながらつくるのとでは、どちらが早く理想の家を建てられるでしょうか。確信をもって行動できるでしょうか。

目的・目標に生きていると判断に迷うことがほとんどありません。行動できない人は悩むことに多くの時間を割いています。まずは一歩を踏み出してみる。その判断は、あらかじめ設計したビジョンに沿うか沿わないか、効果的かどうかです。

同時に「ノー」と言いきる力も身につきます。自分の軸がないと、判断の基準がないので迷います。誰かの目標達成やルールに巻き込まれてしまう可能性もあります。

「このために自分の時間を使う」という明確な目的意識がないので、何かを勧められたとき「なんとなく嫌だな」と思っても、相手に気に入られることが優先されたりして従わざるを得なくなります。

あなたは、自分を犠牲にしてまで好かれようとする人に好意をもちますか？

自分を騙す人は他人を騙す人です。人は自分の感情を隠す人よりも、正直に想いを打ち明けてくれる人に好感をもちます。偽りながら生きている人の周りには、似たような人が集まります。ますます自分を騙さなくては、生きていられなくなるかもしれません。断われない人は、もっと自分を価値ある人間として扱ってほしいのです。価値ある自分の人生を最大限に尊重した行動、選択をしてください。

わたしの場合は、「イエス」と承諾する決断力よりも、「ノー」と断る力のほうが勝っているようです。自分の軸と照らし合わせてみて「これはよくない」というものについては、きっぱりと断る。

すると、あれこれ迷うことが減ります。相手がどう思ったか、どういう考えなのかには思いを巡らせます。ただ、自分の気持ちに背いてまで行動することはなくなります。

相手を慮《おもんぱか》っているのか、自分の身を守っているだけなのか。ほんとうの気持ちに素直な判断ができているかどうかは、自分の生き方に問わなければわかりません。

あなたは今、何に集中していますか？
それはあなたがほんとうに求めているものですか？

何事もすっきりと、明瞭な心の状態が行動するための原動力になります。

貢献なくして強い意志は生まれない

損得だけで物事を考えてしまうと、成果が出にくいので長続きしません。自分のためだけにがんばっていると必ず限界が訪れます。

「これは世の中に必要である」という大義名分は、自分の限界をはるかに超えた力を引き出します。社会的ニーズが優先されるので、努力も報われます。

かつてのわたしは「マネー&メダル（賞）」を追っていました。この時期は、ほんとうの意味で心が満たされることはありませんでした。幸せだったかと聞かれれば、不幸せだったでしょう。

なぜなら、ネガティブなパワー、悔しさやコンプレックスに動機付けられていたからです。中心は自分の生い立ちに対するものです。こんちくしょうエネルギーとでも言うのでしょうか。憎しみや敵意、勝つか負けるかといった力に突き動かされていました。

もちろん、おいしいものを食べたり、異性と遊びに行ったり、高級車を乗り回せば一時的に満たされます。

しかし、それはすべて自己満足でしかありません。人との触れ合いや絆、自分が社会の役に立っているという実感、今感じている幸福感とはまったく異なった感覚です。

現在140名を超えるすばらしい社員たちと、共通の目的・目標に向かって一緒に歩めている。これはほんとうにありがたいことです。「世のため、人のために生きられること」がわたしにとって最大の幸せだと思っているからです。

行動を選択する最後の決め手は目的です。目的とは、自分が理想とする上質な世界。自分が大切にしているものを譲ってまで経済的メリットを得るようなことはしません。

「お金が一番だ」という経営者もいます。わたしはそう思いません。企業は社会の公器であり、事業の目的はお客様の満足、従業員の幸福、社会貢献だからです。目的に適った経営をしていれば、あとから必ず利益がついてくるという信念があります。

まだ資本金が500万円だったときに、200万円を使ってアメリカからウイリアム・グラッサー博士を日本に招きました。最高顧問の来日とはいえ、資本金の半分近くを使うわけですから、当時は大きな決断でした。

それでも自分の目的（いじめ差別のない明るい社会をつくること）を達成するためには、グラッサー博士が提唱する選択理論を世の中に広める必要があると感じていました。お金は問題ではありませんでした。

松下幸之助さんは、「この世の中にとって何が大切なのか？」をつねに自問自答されたそうです。

「自分の求めるもの」を知るのと同時に「それは周りの人に役立つことか、自己満足ではないか」を確認することが重要です。

わたしは研修でも必ず受講生に「自分にはどんな役割があるのか？」を紙に書き出してもらいます。

強い決断・意思は、自分の枠を大きく超えたもののために尽力しようとする意識から生まれます。

面倒くさがり屋が優先しているもの

わたしのスケジュールは、半年先までびっしりと埋まっています。でも嫌感はまったくありません。逆に楽しんでいます。

人材育成のプロフェッショナルとして発言、行動しているときが、自分の価値を最大限に引き出している時間だと実感しているからです。

わたしは、どんな人にも可能力が内在していて、人はそれを開花することができると思っていますし、目的に対して邁進していれば、必ず誰かが力を貸してくれると信じています。その前提があるので、人のために時間を提供することは当然になります。

何かを始めるときに、面倒かどうかで判断することはありません。人の役に立つか、喜んでくれるかどうかを優先して意思決定します。それが結果的に成功への近道になります。

目的を達成しようとすると、どうしても乗り越えなければならない壁が現れます。大きな苦痛を味わうことになるかもしれません。長い時間も必要でしょう。

このような場合、あなたはどんな感情を抱きますか？

「無理だな」とあきらめてしまうか、「とにかく登れるところまで登ろう」と勢いよく駆け上がるか、「早くこの苦しみから解放されたい」ともがいてみるか……。

目的・目標に向かってしっかりと生きている人は、苦痛感情が予想されても自分のペースで黙々と歩み続けます。現状維持がラクだからと言って、歩みを止めることはありませんし、困難が待ち構えているとわかっていても逃げません。

最速で登りきれるのがベストですが、自分の限界を超えた状態が長期間続くと挫折してしまいます。研修でも目標は高すぎても低すぎても適切ではなく、達成可能な領域に設定し、達成可能なペースで実行するよう伝えています。

企業もイノベーションが止まって、存続だけが自己目的化したときに腐敗が始まります。お客様が企業に求めるものは、商品やサービスの質です。決してその会社が生き延びることではありません。質の追求がないところには衰退があります。

自転車はこぎ続けなければ倒れておしまいです。企業も同じで、他社との競争のなかで走り続けなければ生きていけません。ただし、目的は相手に勝ることではなく、「どれだけ世に役立つ商品やサービスを提供できるか」です。成果を出すという点では、人も企業も根本は同じ。貢献のためにどれだけ己を向上させられるかでしょう。

成功は一足飛びには手に入りません。自分にできることを特別熱心に、徹底的にやり続けて成長する。その延長線上にしか目標達成はないのです。

その確信はどこからくるのか？

自分の可能性を信じることです。自分の価値を実感することです。自分は今のままで十分価値のある存在だ。こう思えたときに自分をもっと飛躍させようと期待ができます。目の前のことを積み上げようとする意志が確立します。

山を登るペースは、人それぞれでかまいません。しかし、歩みを止めず、価値ある人生を半歩ずつでも前進させていきましょう。

自己信頼感の不足から決断できない

経験不足で自信のない人に、決断力のある人はいません。少なくともわたしは出会ったことがありません。

一度や二度の挫折や失敗にめげることなく、たくさんの痛みを経験すれば、決断の質は自ずと高まります。

正直、痛みを経験せずによい決断ができるというのは理想論だと思います。誰だってなるべくなら苦しみたくない、痛みを味わいたくないと思うものです。ただ、苦労を避ける前に学ぶべきことがあります。

まったく見通しがないなかで、ひとつのことを続けるのは難しい。できると思えるから続けられるし、主体的に代償を払っていこうと思えます。「できた！」という体験を繰り返しましょう。自分への期待値がどんどん高まり、生きる力になっていきます。それは「自分ひとりでやろうとしなくてもいい、ほかの人の力を借りればできる」という他人に対する信頼感にもつながっています。

決断力の根底にあるのは、自分を信じる力です。

自信がない人、経験が足りていない人は、今に最善を尽くしてください。

現状をよくするために自分がよいと思ったことを、とにかく実行してみましょう。

何か大きな失敗をして自信を失くしてしまった。失敗によって一気に自己概念が下がってしまったという人も多いでしょう。

わたしの友人は起業したものの失敗し、生活のために働きはじめた会社では肉体労働に近い仕事をしていました。50代を過ぎてから未経験の分野へ転職するのはとてもハードルが高く、嫌がらせにあって年下からも罵倒され、どん底の底にいました。自己概念はきわめて低く、完全に自信を失っていました。

落ち込んだ友人を前に、わたしは「○○はできる」と声をかけ続けました。同時に将来について自分で意思決定できるよう問いかけました。

「一番やりたいことは？」
「なんの制約もなかったら何をやってみたい？」
「人が喜んでもらえること？　それって具体的に何？」

とことん話し合うなかで、最終的に彼が決断したのは、オリジナルのTシャツをデザインして販売する事業でした。元々アパレル関係の仕事をしていたので、洋服をつくる仕事に興味があったのです。知人の有名なカメラマンと提携して、付加価値の高い商品をお客様に提供できそうです。

わたしも資本金の一部を出資し、新しい事業がスタートしました。彼の目はみるみる輝きを取り戻し、それが何よりもうれしく思いました。

もちろん事業を始めたからといって、すべてが好転するとはかぎりません。途中でノックダウンされそうになることだってあるはずです。それでもいいのです。人生はいつからでも変えることができます。大切なのは自分の可能性を信じて、素直に生きることではないでしょうか。

わたしもずっと七転び八起きです。倒されても、倒されても這い上がってきた人生。走りながら考えてきました。1日のうちに立ち止まって考えるのは、毎朝カフェでプランニングするときと、帰宅後に入浴しながらその日を振り返るときです。

いまは多少の余裕が出てきたので、意図的に休みを取って考える時間も確保しています。しかし以前はとりあえず行動する、徹底的な体験主義者でした。

20代、30代のころとは、セルフコントロール力が大きく違います。20歳のころは勢いで起業して会社を潰しました。32歳で創業したときも失敗からスタートしました。そうした経験は、否定的な感情として記憶され、重大な局面で「これ以上スピードを上げるとまずい」と直感的に知らせてくれます。

当然、確信がもてないことに出会うこともたくさんあります。そのときは徹底的に考えます。ただし、走りながらです。

休暇中も身体は休めながら、頭はいつも目的・目標に向かって活動を続けています。静止はするけど、停止はしない。なんとかここまでやって来られたのは、目的・目標があったおかげです。

目的の中心には家族が入っています。仲間が入っています。できるだけ多くの人に喜んでもらえることが入っています。動機善。自分を信じられなくても、他人への貢献を決意することが、自らを進める動機付けになります。

集中とは量よりもパワーである

わたしの考える「集中」とは、長さや量ではなく、圧倒的なパワーやエネルギーをググッと集め、ある瞬間にドカンと放出する。そんなイメージです。

集中力をどれだけ維持できるかは次の段階で、まずは一瞬一瞬のパワーやエネルギーが大切です。

集中力は興味・関心があること、あるいは願望に入っていることに取り組んでいるときに最大化します。願望に入っていないものに注力し続けるのは難しいでしょう。少なくともわたしにはできません。

興味・関心や願望に代わるものがあるとすれば、責任感や使命感です。ただし「ねばならない」という義務感には限界があります。

ほんとうにやりたいことは、いくら続けても集中しても疲れません。「好き」や「やってみたい」という思いは快適感情だからです。自分を満たしてくれるので、意識的に「続けよう」と思わなくても自然と継続できます。ここに実行力を高めるヒントが隠されています。

快適感情には**期待**も含まれます。結果が期待できると集中できるし、続けられます。努力が報われそうもないものには、なかなか集中できません。

集中力は、人から与えられるものではありません。他人がいくら意識させようとしても、本人の心が別のところへ向いているかぎり、ほんとうの意味では集中していません。

静かで人の少ない場所なら集中できるかというと、必ずしもそうではないようです。毎朝、わたしが立ち寄るカフェの店内はざわざわしています。しかし、まったく気になりません。むしろ、そのおかげで集中できます。うるさいはずの新幹線の車内。ここもかなり集中できます。絶えず「ゴー」という風切り音がしているはずなのに、メール対応などものすごくはかどります。

ただし、どれだけ環境を整えても「どうも心が落ち着かない、気が散ってしまう、気分が乗らない」こともあります。そのような場合は、場所を変えたり、時間を変えたり、気分転換をしてみましょう。それでも難しければ、日を改めてもいいでしょう。ただし、先延ばしではなく、予定を組み直しましょう。

効果的な上達のコツ

成果を求める人には、自分の強みに集中する**長所伸展法**をお勧めします。あえて強みだけを伸ばすことに注力するのです。わたしはずっと長所伸展法でキャリアを築いてきました。結果が出るまでしつこくやり続けます。自分で言うのもなんですが、成果に対しては相当しつこいタイプだと思います。

自分の強みがわからない人も多いでしょう。確かに強みを知るのは難しい。ならば、今目の前にあるものをとことん追求することです。それがいちばんの近道。今の自分ができること、あるいはしたいことをノートに書き出し、「自分はこれが好きだな」と思えるものに集中しましょう。

ここで大事なことは、結果が出るまで止めないこと。8割の人が、とことんする前に「自分には無理だ」と勝手に判断してあきらめてしまう。これだと何をしてもうまくいきませんし、何よりもったいない。徹底的に取り組む前に自分で答えを出してしまっているのです。

「死ぬ気になってやったらできた」と言います。そう言いながらほんとうに死んでいる人はいません。それくらいの気概があれば、必ず結果が出るからです。

そこまで実行しても結果が出なかったとしたら、自分には適性がなかったということです。**向いているかどうかは、仕事のほうが教えてくれます。**

現実には、たいていの人がそこまでやりきれていません。

開き直りも大切です。いつか取り組まなければならないわけですから、今始めてしまう。命まで取られることはありません。まずは、結果を出すべく行動しましょう。経験が積み上がっていくにつれて、自分の強みがわかってきます。

こだわりは意図的につくり出せる

あることを始めたいと思っている。一方で、やらなくてもいい理由を探してしまう。このような経験はありませんか？

何か事を起こすのが面倒くさいと感じる。すると失敗を予測し、「成功する保証なんてどこにもない」とネガティブな言い訳に陥ってしまう。確信のないことが原因で、苦痛感情に負けてしまうのです。

わたしは、いつもどうしたら『頂点への道』講座をもっと進化させられるか考えています。25年以上一度も休まず、640回以上開催している研修です。

「もう十分では？」「よく飽きませんね」と思われるかもしれません。実際は続ければ続けるほど「もっとよくしていきたい」という思いが募り、いつも講座のことが頭から離れません。高校球児が甲子園を夢見て、練習に打ち込むようなものでしょうか。寝ても覚めても目的・目標のことを考えています。

スマートフォンの待受画面には、目標を表示しているので1日に何度も見る機会があります。それだけではありません。ボイスメモには「青木仁志、おまえは成功者だ」で始まるアファメーション（暗示）が自分の声で録音してあります。バックに流れるのはフランク・シナトラの「マイ・ウェイ」。これを毎朝、車の中で聞きます。

わたしの目標に対する強いこだわりは、若いころから徹底していました。20代のころは、自分勝手な意義付けをして、相手の都合はお構いなしに夜討ちや朝駆けをし、契約をいただいたこともありました。

元日に訪問セールスをしたこともあります。「田舎に帰らない人だったら、一人で家にいるはず。訪ねても迷惑がられないだろう」と自分を正当化していました。

いま考えてみれば、なんとはた迷惑な若者だったのでしょう。朝早くから夜遅くまで、突然訪問されて迷惑に感じたお客様もいたに違いありません。
それでも、自分が決めた目標に向かって純粋に邁進する姿勢だけは評価できます。セールスが強かったのは、商品を普及することで圧倒的にお客様のお役に立てるという自信があったからです。自己顕示欲や私腹を肥やすことが目的であれば、結果を出し続けられなかったでしょう。

成功とは、他者への貢献を通して自己実現を図るものです。時には追い求める過程で周囲を顧みる余裕がなくなることもあるでしょう。そこに悪意がなければ不足感を味わいながら中途半端に生きるよりも、ずっと充実した人生が送れるはずです。

なんとなくネットサーフィンしていて時間を無駄にしてしまった、やるべき課題を後回しにして溜め込んでしまった、自己満足でしかない無用な投資をしてしまった——こうした目的・目標から外れた一切の行為を断ち切る。そのためには、1日に何度も目的・目標を見返す必要があるのです。

人間とは弱い存在です。そのことを十分にわかっているので、わたしは70歳になっても80歳になっても車の中でアファメーションをし、カフェで手帳を開いているでしょう。

信念とは、繰り返し繰り返し意識下に叩き込まれた考え方です。私たちが意図的に脳へ提供できるのは情報だけ。だからこそ、暗示の力は有効です。

積極的に行動する思考回路ができるよう、目標に前向きに進める情報を選んでインプットしましょう。

第4章

何かに打ち込める豊かな人

見えていない役割を視覚化する

打ち込めるものが見つからない。
何事にも興味が湧かない。日々をなんとなくで生きている。
他人と一緒にいると無理に合わせようとして気疲れする。
仕事や人付き合いに忙殺されてすり減るばかり……。

世の中には無気力な人、自分の軸を見失って環境に振り回されている人が増えています。そのような状況に陥ってしまうと、ほんとうに感じている自然な感情や本来の自分に気づくことはますます難しくなります。

人にはそれぞれ役割があります。わたしで言えば、父親であり、経営者であり、トレーナーでもあります。

人間は、さまざまな社会的制約に不自由感や不足感を募らせるものです。しかし、じつは役割を明確にすればするほど、ストレスから解放されます。周囲と自分との関係性がはっきりするので、なすべきことと任せること、コントロールできることとできないことの境界線が明確になるのです。

自分の役割を定義している人はどのくらいいるでしょうか？

曖昧な自己認識のまま行動している人がたくさんいます。「何をしたらいいのかわからない」という人は、いまの環境下で自分が全うするべき役割を考え、責任を果たせるように最善を尽くしましょう。

「自らの責任を果たす」というテーマで3ヵ月間はがんばってみる。一定期間でも軸をつくり、割りきって打ち込むことで、気力が湧いて日々の充実感は増していくものです。

天から与えられたと思えるほど仕事に没頭している人たちは、社会に対して大きな影響力をもちます。人は自ら選んだ道で自分の責任を全うしているときに、自分の価値を感じられて自己概念が高まっていきます。

自分の生きる道はそう簡単に見つかりません。わたしも人材育成の道しかないと思えたのは40歳を過ぎてからです。現在は天職だと思っているので、ほかの人に委譲できる仕事はできるだけ任せ、なるべく研修トレーニングに時間を割くようにしています。役割を全うするためには、自分以外の人ができる仕事を委任することも必要です。

できることが広がると役割が拡張します。それに伴って責任も大きくなります。責任には、2種類あると考えています。ひとつはResponsibility《レスポンシビリティ》、もうひとつはAccountability《アカウンタビリティ》です。

「レスポンシビリティ」は果たすべき責務です。「アカウンタビリティ」は、説明責任と訳されます。ここでは主体的に責任を果たしていくという意味を強く捉えます。

「やらなければならないこと」と「自分から求めてやること」の違いです。

責任と聞くと、「ねばならない」という言葉が真っ先に思い浮かぶかもしれません。わたしは**責任の果たし方**にも優劣があると思っています。

仕事のできる人、成果を出す人はアカウンタビリティが強くあります。

自分の人生の舵を自分で取っているという意識からでしょう。言い訳をしません。わたしはアカウンタビリティと自己概念に相関関係があると考えています。「仕事＝自分のプライド」になっていれば成果を出すまでやり続けます。

アカウンタビリティを強くもっていれば、義務によるやらされ感はありません。レスポンシビリティがあっても、依存心のある人は、うまくいかなくなると途中で投げ出してしまうことがよくあります。

わたしは、自分の仕事に対するプライドが低い人をビジネスパートナーにはしません。自分の人生に責任をもって生きている人ほど、仕事においても期待以上の成果を出せるものです。

かつてのわたしは、自己中心的でルーズで何もわかってませんでした。それがある時期を境にアカウンタビリティの意識が生まれました。きっと自分の価値に気がついたのでしょう。自分自身を大切に扱うからこそ、それに恥じない責任を果たそうとします。

自立すればするほど、人は自らリスクを負った仕事を引き受けます。そのリーダーシップは昇進・昇格につながるでしょうし、プロとしても質の高い仕事につながるでしょう。そうなれば周りが放っておきません。次々と新しい仕事が舞い込んできます。

依存や甘えの強い人は、最後の最後で他人のせいにします。誰かのせいにしているかぎり突き抜けられず、周りからの信頼も得られません。豊かさと自立は比例するのです。

役割と責任（求められるもの）を明確にする

32ページで書き出した役割には、それぞれどのような責任（求められるもの）があるのかを挙げてみよう。

役割	■仕事・職場	■家庭・家族	■親族
責任（求められるもの）			
役割	■自分自身（使命や個性）	■地域社会	■友人
責任（求められるもの）			
役割	■地球人・国際人	■	■
責任（求められるもの）			

オール・オア・ナッシングの仕事術

若いときほど、成果に対して貪欲《どんよく》になったほうがいいと思います。多少の自己中心性や自己正当化には目を瞑《つむ》りましょう。まだまだ成長過程にあるわけですから、どんなに気を遣っていても、自然と自分の成果を追ってしまうものです。

それよりも成果に向かってがむしゃらに突き進む体験を重視しましょう。壁にぶつかったり、人間関係でトラブルが起こったりするかもしれません。20代の人にとってはそれこそが学習、経験になります。

成果に対して本気になったからこそ学べることがあります。それが**人生の基準**をつくります。
何事も人によって取り組む度合いは異なります。妥協ばかりしていたら、自分の本気レベルがわからないので、何をしてもそこそこほどほどに留まってしまうはずです。

わたしは若いころから「結果を出したい」と思い続けてきました。もちろん、いまもそう思っています。同じ時間を使うのですから、やはりできるだけ高い成果を出したいのです。仕事に関しては「All or Nothing」「0か100か」という考えで取り組んでいます。

ある日、日本一と言われる幼児教育研究所の先生から縁あって次のような話をお聞きしました。

「テストで70点、80点取るとよくやっていると思うかもしれません。しかし先生の話を真剣に聞いて本気で勉強していたら、100点が当たり前なのです。ですから、0点か100点か、結果にはその2つしかないという基準で教えています」

なぜ日本一と評価されているのか。その秘密の一端が見えました。

普通は80点でも評価されるでしょう。この研究所にとってテストは100点が基準なのです。世間の常識とは違うものの、それこそがこの研究所の成果を創り上げてきたのでしょう。

成果に対して貪欲な人ほど、より高い基準を設けます。高い成果を上げた喜びを知ってしまうと、自分の中で中途半端な結果は出したくなくなります。テストなら1回でも100点を取ると、90点でも満足できないといった感覚でしょうか。これは、100点を取れば取るほど強化されていきます。自分の実力に確信をもっているので、イメージと結果が一致しないと納得できないのです。

そうなれば、思うような成果につながらないときに腹が立って悔しさで落ち込むこともある一方で、立ち直りも早くなっているでしょう。努力すれば結果を出せるという根本的な自己信頼感があるからです。

いつまでも引きずっていては仕方がないと気持ちを切り替え、戦略を練り直す。改めてやり直す。その反復作業で「ああ、やっぱりできたじゃないか」と自己信頼感を強化し、ますます成果の出せる人間になれるのです。

成果を出す人のバランス感覚

ビジネスはサクセス、プライベートはハピネス。わたしの信条です。やはり仕事というものは、サクセスを追求しないとおもしろくありません。プロスポーツの世界がそうでしょう。彼らが追求するのは勝利や成功であって、「幸福」ではありません。仕事とは何かを成し遂げる世界、成果を追い求める世界です。

わたしが長年携わってきた人材育成という仕事は、快適感情を味わいながら自己実現するための効果的な生き方を情報提供するものです。「受けて満足だった」だけで終わらせてほしくありません。

ですから、3年で6回の再受講システムをつくり、受講生のフォローアップに力を入れています。

これが宗教だったらどうでしょうか。自己実現のことを「幸福」と呼んでいます。

能力開発の世界では「成功」をめざします。結果を出すということです。

プライベートな世界の根底にあるのは「みんなが幸せであればいい」という価値観です。とても大切なことですが、ビジネスの大原則は価値と価値の交換だと思っています。

ビジネスの世界では、価値を追求する、上質を追求する。そのために時間を使い、行動する。ゴールは成功です。幸福ではありません。わたしは、仕事にはプライベートの考えを、プライベートには仕事の考えを持ち込まないようにしています。

生き方を客観的に把握する方法

時間とお金は価値を表す代名詞。これほど価値あるものを、どこにどれだけ費やすか。時間とお金の使い方を見れば、その人の生き方が見えてきます。

時間もお金も、使い方は2種類しかありません。**投資と浪費**です。

自分の人生を拡張するために用いると「投資」、どうでもいいことに費やしていれば「浪費」です。

人間ですから浪費してしまうこともあるでしょう。自分を高める、価値あるものに対して時間とお金を使うことが人生をよくする秘訣です。

成功＝富を得ると考える人もいるかもしれません。確かにそうした見方もあります。わたしはお金は世の中へ貢献した結果戻ってくるもので、ひとつの尺度だと考えています。金額はあくまでもバロメータ。本人がどれだけ稼ぎたいと思っていても、社会に貢献していなければ、あるところで頭打ちになってしまうでしょう。

お金は、社会全体を幸福にするための道具です。どれだけお金を持っていても、生きたお金の使い方を知らなければ価値は生まれません。生きたお金とは、自分や周りの人を幸せにするお金のことです。

先ほどわたしの友人の話をしました。彼は、わたしが高校を中退して東京に行くか迷っていたときに「高校だけは卒業したほうがいいよ」と言って引き留めてくれました（結果的には言うことを聞かずに飛び出してしまったのですが）。そんな彼が50代を半ばにして、生きがいを失い、どん底を味わっている。黙って見ていられませんでした。

そこで、友人としてではなく人材育成のプロとして「おれの研修に来い」と声をかけました。そして彼は『頂点への道』講座を受けました。

このとき、彼はわたしをプロのトレーナーとして見てくれました。講義のあと、こう声を掛けてくれたのです。

「いままで真正面から言ったことはなかったけど、おれはおまえを尊敬しているよ。おまえがおれの友人でいてくれることに感謝している。ほんとうにありがとう」

わたしも彼の新しい旅立ちに資金提供することを決めました。ふたたび幸せな人生を送れると確信したからです。そして、こう答えました。

「おれもおまえが友人であることに感謝している。これからもお互いの経済状況や肩書きは一切抜きに、ひとりの人間同士として生涯付き合っていこうな」

種まき、収穫の法則

目的・目標を達成するために、自分から率先して代償を払っていく。代償を払うことを自分に課していく。わたしは、ずっとそのようにやってきました。いまも続いています。これを**種まき、収穫の法則**と言います。

あなたの上司は誰ですか？

わたしの上司は、わたし自身です。わたしがトップセールスになり、トップマネジャーになり、経営者になれたのは、自分自身を上司にできたからだと思っています。

「心身ともに健康な肉体。愛に満たされたすばらしい家庭生活……。売上100億、経常利益20億、社員500名、これらを達成することは間違いない」

こうした暗示を使いながら、日々上司として自分をコントロールしています。

もし「どうせやっても……」「自分なんか……」「ダメに決まっている」とマイナスの言葉を口にしていたら、それがすべて自分に返ってきます。

わたしは、わたしのままですばらしい。

他人は、なかなか褒めてくれません。だから、自分で自分を褒めてあげましょう。セルフラブ（自己愛）。自分で自分のことを承認できれば、困難を乗り越えようという前向きな気持ちが徐々に醸成されていきます。

豊かな人生を送りたければ、豊かな心づくりから始めましょう。すなわち、ちょっとしたことでも脳を意識的に前向きな方向へ使おうとすることです。触れる情報、付き合う人の質を高めて、代償を払って成長していきましょう。

仕事面において、プライベートな面において、あなたは少しでも成長したと言える日、よいことが吸収できたと思える1日を過ごせていますか？

第5章

パフォーマンスを生み出す人間関係

運を強くする黄金律

運は人が運んできてくれるものです。ですから、周りの人を大切にしているとと運がついてきます。自分の殻に閉じこもっていたり、人をぞんざいに扱っていると運が開かれません。

人を大事にする。人との絆を大切にする。約束を守る。相手に対して礼を尽くす。

こうした当たり前のことをしっかりやっている人は運が強い。

逆に運を逃がすのは、怠惰だったり、ネガティブだったり、大切にすべきものを大切にしていない人たちです。

運は、じっと待っていて突然訪れるものではありません。自分から追い求めて手にすることができるものだと思います。

人は、自分の願望を満たしてくれる相手に関心を寄せます。反対に自分の願望を満たしてくれない人からは距離を置き、時には敵になることさえあります。

あなたが活躍すれば、周りの人が声をかけてくれるようになります。なぜなら知り合いというだけで自慢になる、自分の欲求が満たされるからです。それによって、たくさんの人との交際が始まり、新たな好機も生まれるでしょう。

これが「好運」ということではないでしょうか。運によって道がひらき始めたら、付き合う人を大事にして、成功している人と接する機会を増やせば、さらに色々なチャンスが舞い込んでくるようになります。

「この人とは今後も付き合っていきたい」

もし、そのような人と出会う機会に恵まれたら、自分から積極的に近づきましょう。「袖振れ合うも多生の縁」と言います。ちょっとした縁を活かす。チャンスは一度きりかもしれません。

以前の話になりますが、まだ人脈も現在ほどなかったときのことです。尊敬していたある講演家の方を新幹線でお見かけしました。

「前から大ファンでした。じつは人材育成の会社を経営しておりまして、クライアントにはこういった企業があります。もし、よろしかったら受講生の方々に対する講演などをお願いできないでしょうか?」

率直にお願いをして、その方は講演を引き受けてくださいました。その後も相手にとって望ましいことを率先して提供し続け、徹底的に尽くしました。毎日、予定の許すかぎり相手のために時間を費やします。相手がますます豊かになるような人物を紹介したり、具体的なノウハウを共有して人脈の輪を広げていきました。

誰だって「あいつと付き合って損したよ」と後ろ指を差されるような生き方はしたくないでしょう。「付き合ってよかった」と喜んでもらえるような生き方を貫くのにベースとなるのが黄金律です。

「何事においても、自分がしてほしいと望むことを周りの人たちにしてあげなさい。そうすれば巡り巡って、自分のところに戻ってくる」

自分が望むことを相手にすることで、行動は成果として実っていきます。卑屈になって尽くすのではなく、自然体で人のために使う時間を増やしていきましょう。

なぜ人間関係で悩むのか？

若いころは、彼女に振られても「おれと別れるなんて、あいつは絶対に損したよ」と自己正当化していたものです。振り返ると、問題の大半は自分にありました。

いちばんの問題は、相手を大切にしていなかったことです。当時のわたしは、彼女よりも仕事を優先して考えていましたから。

妻と付き合っていたころも仕事が忙しく、夜の10時、11時からしかデートの時間は取れませんでした。あるときは、翌日の朝までに原稿をタイプして出版社へ納品しなければならず、ダメもとでお願いすることにしたのです。普通なら「夜の11時なら会えるって言ってたのに仕事を手伝えなんてどういうつもり？」と責め立てられてもおかしくない状況です。

ところが、妻は快く引き受けてくれました。あとで理由を尋ねると、「あなたのひたむきさが好きだから」と言ってくれました。

このときに気がつきました。人間関係は無理して取り繕うものではない。良いところも悪いところもその人の個性と認めて、それでも好きだというのが魂の結婚。真の相性とはそういうものでしょう。

恋人関係に限らず、人付き合いのコツは、**自分を偽らない**ことです。偽って付き合えば、いつかしわ寄せがきます。自然体がよいのです。

自分は相手のことが好きだし、相手も自分のことを好きだと思う。性格は違っていても発言や行動から人生で大切にしているものが似ていると感じる。

「この人とだったらおもしろい人生を送っていける」と信じられる。こうした関係を相性がいいと言うのでしょう。

誰もが一瞬で強くなれる

あなたが自分よりも目上だと思っている人（親、上司、先輩など）の発言や要求は強大な影響力をもちます。どうしても相手の意見に振り回され、受け入れなければ悪いような気がしてくる。一方で、そういう人たちは最大の支援者になってくれる可能性もあります。

目上の人たちを味方につける方法、かわいがってもらう秘訣は、とことん尽くすことです。表面的には従順になることと同じように見えるかもしれませんが、主体性がまったく異なります。

わたしは、義理の母に育てられました。貧しい家庭環境もあったので、学校の水道水を飲んで空腹を紛らわせていました。自己概念も低く、幼いころはどうしたら相手が気分よくいられるか、人の顔色ばかり窺《うかが》っている子どもでした。

当時、わたしの行動を支配していたのは恐怖心です。相手の言動に過敏になって、気分を害されないように振る舞う。すると「この場面でこう言ったら、怒られるだろうな」と展開が予想できるようになります。第六感とでも言うのでしょうか、空気を読む感性が磨かれたと同時に「人に尽くすことで自分の身を守ることができる」と体験的に学習したのです。

社会人になってからも相手に尽くすことと、学ぶべき相手の望みを叶えることに配慮し続けてきました。10代で最初に丁稚奉公のように弟子入りさせていただいた社長は「仁志、香港に仕入れに行くぞ。おまえも一緒に来い」とほかのメンバーではなく、わたしを指名して営業の基礎を叩き込んでくれました。田舎から上京してきた世間知らずの若者です。社長にとっては、付き合って得だと思うような要素はひとつもなかったでしょう。

とにかく相手に喜ばれることを考え、実行してきました。「明朝6時に来い」と言われれば、理由がなんであれ「わかりました」と応じました。心の中では「えっ、6時ですか。早いな〜」と思ったかもしれません。ただ当時のわたしは、それほどまでに心酔していました。だからこそ、いつも「仁志、仁志」とかわいがっていただいたのです。

誰でも強くなれる方法があります。それは**相手に尽くす**ことです。わたしは「これぞ」と思った人には徹底的に尽くします。人のために時間を使うことが大好きです。能動的に時間を使っているので、心も解放されています。

依存心が強かったり、自己中心的な人ほど損得で勘定し、人間関係で取引し始めます。主体性がないので、相手を喜ばせようとして期待した反応が返ってこなければ不機嫌になる。精神的に挫折してしまう。前提が受け身なので、よい反応を引き出すために、ますます従順になって相手に迎合していくかもしれません。

尽くす心がないのに、無理して相手を喜ばせようとしてもつらくなります。行動の矛先を少しだけ変えてみましょう。自分がしてほしいことを自分ではなく、相手に置き換えて実行してみるだけです。対象を変えただけだと意識し、自分がされてうれしいことを働きかける。相手を幸せにする影響力はどれだけ発揮してもかまいません。

電車内で席を譲るだけで、晴れやかな気持ちになったことはありませんか？　人の役に立っているという実感、善行は心を強くします。自分の選択した行動ですから、思うような反応がなくても気にしないことです。続けることで自分の価値が感じられるでしょう。相手を信頼し、なお信じ続ける自分を実感できるのですから。

幸せの鍵が落ちている場所

恩に報いる。生きていくうえでものすごく大事な考え方です。

親への感謝、周囲への感謝、今日の自分がどれだけの人に支えられているのかを見失ってしまうと幸せの道から外れます。

「喉元過ぎれば熱さを忘れる」ではありませんが、人は苦しかったときのことを忘れがちです。

創業して間もないころ、資金繰りに困ったことがありました。どの銀行に相談へ行っても融資が決まりません。そんなとき、ある信用金庫の支店長が、無担保で３０００万円を出してくれました。このときの恩をわたしは一生忘れません。うちの会社が今後どれだけ大きくなっても、この信用金庫は生涯メインバンクと決めています。報恩、恩返し、恩を忘れない。わたしが大切にしている生き方そのものです。

結婚当初、家内の両親がたくさんの食器や調理器具を田舎から持ってきてくれました。私たちにお金がないことを知っていたからです。

函館の高校に編入したときのことです。朝、親友を家まで迎えに行くと、彼のおばあちゃんが出てきて、「青木くん、よく来たね。あんたの分もお弁当をつくっておいたわよ」と手渡してくれました。1度や2度ではありません。わたしが祖父と暮らしていたので、お弁当を持参できないと配慮し、用意してくださったのだと思います。

人に情けをかけてもらったこと、助けてもらったこと、ほかにも山ほどあります。まだまだ、返しきれていません。すでに亡くなってしまった人や縁が薄くなってしまった人たちもいます。そうした方々に恩を返すことはなかなかできないので、自分と縁ある人、あるいは後輩に返していくことにしました。

恩返しという言葉は、若い人にはピンとこないかもしれません。わたしもそうでした。しかし、お金も地位も人間が生きようとするエネルギーにはなりません。心の豊かさは手に入らないのです。

人がほんとうに行動を起こそうと思う原動力は「感謝」です。日ごろから感謝の気持ちをどれだけ表現できるかが幸せの鍵。

「家族にありがとう」
「友人にありがとう」
「仲間にありがとう」
「お客様や取引先の方々にありがとう」

少しずつ感謝の気持ちを表してみましょう。それが真の行動意欲を養うことにつながります。

感謝し合うに「行動できない、自信がない、努力が足りない」というものは存在しません。ひたすら相手へ謝意を示す。そこに人間関係の価値を感じられるようになります。

家族旅行は、家族のみんなを喜ばせることが自分の喜びになっているよい例です。
仕事に関して言えば、お客様から「ありがとう」と声をかけてもらえるような真摯な働き方ができると成果もついてくるはずです。

誰かの支えがあってうまくいっていること、いまのあなたが成り立っていることがたくさんあるはずです。いきなり恩義のある人へ感謝を伝える勇気がなければ、最初は第三者でもかまいません。言葉でも行動でも少しずつ感謝の気持ちを形にしてみましょう。何かにつけて「ありがとう」と口に出すだけでもいいのです。

あなたが周りに貢献できること

あなたを普段から支えてくれている人たちを明確にして、どのような貢献ができるのかを書き出したら、感謝の気持ちを行動で示してみよう。

氏名	周囲の人が期待していること	あなたが貢献できること

自ら損すれば不可能が可能になる

苦しみから逃れる方法は、相手の望むものを提供することです。苦しいからといって、そこで立ち止まったり、逃げてしまっては、いつまで経っても事態は好転しません。今の自分にはできないから難しいのです。解決策は自分が成長するか、人の力を借りるかでしょう。その最適手段が**自ら損する**ことです。

本心では納得できなくても、まずは相手のために時間を使ってみましょう。行動こそ真実と肝に銘じて、貢献の気持ちを行動で示すのです。

セールスパーソンだったら、手ぶらでお客様を訪問するようなことはせず、「ありがとうございます」から始めて、つねに主導権を取れるようにその場をセットアップしていきます。手土産はなんでもかまいません。1000円のものでも、情報でもいいのです。大事なことは、お客様を喜ばせたいという誠意が伝わるちょっとした気配りです。下心があってはいけません。軸は相手への貢献と自己の成長です。

誰かと食事をするときも同じです。相手に喜んでもらうことを第一に考えます。できれば、ご馳走されるよりもしてあげましょう。

わたしは0・5対9・5くらいの割合で、おごられるよりもおごる回数のほうが多いです。若いころから、上司に連れていってもらったお店でも「出します」と言って自分から払っていました。

いまも「相談があるのでお時間を取っていただけませんか?」と相手か

ら依頼された会食でもおごります。連絡をくれたこと、相談してくれたこと、時間を割いてくれたことに対する感謝を示したいからです。

もし相手に何かをしてもらったら、必ず正当なお返しをして相手の価値を高めてあげましょう。与えてもらうばかりだと縁が薄くなっていきます。「富める人ますます富む」というように、相手に敬意を払い、信頼して貢献する豊かな心の持ち主には、周りの人が多くの才能や能力を貸してくれるようになります。

誰だってどうでもいい人には尽くしません。貢献とは相手を信頼し、価値を認めた証明です。そして、尽くせる人は、間違いなく人間的に成長していきます。

成功の最大の障害は失敗への恐れです。苦しくても、自分にはできそうになくても、ほかの人ならできる。ほかの人が力を貸してくれたらできるということがたくさんあります。だから、苦しいときこそ自分から損をしましょう。人は自分の価値を認めてくれる人に応えたいのです。

貢献することは相手の力を引き出すことにつながります。相手を信頼する勇気、受け入れる度量も手に入ります。人の力を借りることで、不可能は可能になります。

磁力のある人間をめざす

一流の人と交際する秘訣とはなんでしょうか？

お金？　肩書？　スキル？

もっとも大切なものは心です。一流の人と交際したければ、自分自身も**一流の心**をもたなければなりません。少なくとも一流の心がまえをもてるように努めましょう。


わたしが考える一流の人とは、天命に生き、自分の役割を全うしている人です。いつも100パーセント本音で語り、なおかつそれが世間にも通用する。駆け引きなどはせず、どこで話をしても周りの人が「なるほど」と思えるような考えをもっている。かといって周囲に迎合することはなく、持論を貫き、それが言行一致しています。

二流の人は、言葉と行動が一致しません。自分を大きく見せようと本性を隠して、偽の自分をつくり、駆け引きをします。

わたしは「誠実さを補うスキルはない」と思っています。誠実とは、相手の立場に立って相手中心に考えること、人を裏切らないこと、約束を守ることなど、当たり前のことばかりです。

わたしは誠実な人間としか深い付き合いをしようとは思いません。自分中心に考える人だなと思ったら、ある程度お付き合いしてみて、それでも「これ以上は無理だな」と感じたらそこまでにします。このときに損得は考えません。

礼節を重んじて忠節をもって行動する人、筋を通す人がわたしは好きです。おいしい話だからひと儲けしようと誘ってくる人がいても、きっぱりとお断りします。自分は損得で動く人間ではないと早めに相手の期待を調整します。その気がないのに、だらだらと引っ張るようなことはしません。

一流の周りには一流が集います。小さなことを大事にしましょう。小さなことに忠実である人は、大きなことにも忠実です。小さなことを大切にやっていけば、やがて大きな役が回ってきます。

一流の人には、周りを惹きつけてやまない人間力があります。知性や専門性だけではなく、物事を成し遂げていく実行力、人の力を借りられる誠実さ、たくさんの人をまとめたり、やる気を起こさせるリーダーシップ、あるいは公明正大な考え方、真心をもった姿勢なども含まれます。

生まれてから今日までに学習し、訓練し、身に付けてきたもの。そのすべてがあなたなのです。魅力的な人間へと成長することを第一に考えましょう。一流の人間は人を惹きつける磁力をもっています。

第6章

ぶれない生き方を確立する

「自分を変える」覚悟

これまでは上りも下りもほとんどない、平坦で歩きやすい道を選んで生きてきた。だから体力も経験も勇気もない。

これから歩もうとしている道は険しい。気を抜けば大怪我するかもしれない。なんの保証もない世界。それでも自分は新しい道を歩むのだ。

今の自分を変えたい。わたしもそう思った瞬間が幾度となくあります。

仕事で成果を出せなかったり、恋愛に失敗したり、家族を幸せにしたいと思っても全然できていなかったり、自分の愚かさから余計な借金を背負ってしまったり、世話をしてきた人に突然裏切られたり……。

そのようなときは落ち込みます。生きるのがつらくなります。それでも終わりだとかどうでもいいと思ったことはありません。慎重に次への備えをします。

再スタートの舵を切る前にできるだけ情報を集めて、自分なりにシミュレーションをします。とくに道のりが険しければ険しいほど、すでに困難を乗り越えた人の話を聞いたり、本を読んだりして達成するイメージを固めていきます。自分の中で確信ができた段階でスタートです。

いきなりリスクを「自分で背負っていく」と腹を括れるでしょうか。経験も情報もない状態では難しいと思います。

ただ、立ち止まっていても事態は前進しません。出発の決意が固まらなければ、リスクを回避するための準備を念入りにしましょう。どんな装備で、いつ出発して、どのような経路を辿るのか。**勝つためのシナリオ**を描くのです。

シナリオが描けなければ、登ろうとしている山が高すぎるのかもしれません。体力的な備え、経済的な備えも必要です。確実に達成できるゴールを設定しましょう。それも準備のうち。成否は事前対応に左右されます。

これまでと違うことをしようとすると、甘えや依存心がこっそりと忍び寄って「そんなこと意味ないよ」「今のままでいいじゃない」と、現状を肯定する甘い言葉をささやいてきます。

なんのための準備でしょうか？　これまでの道のりに満足できなかったからこそ、自分を変えたいと思ったのではないでしょうか。覚悟を決められない人が直面する最後の障害は、目標の高さでも不安や恐怖心でもありません。現状維持しようとする自分自身の甘えや依存心です。

みんな同じです。最初はゼロからのスタート。それでも日々、感謝を実感して幸せに生きる人がいます。不満足で文句を言いながら生きている人がいます。そのような人は、自分の内なる声に従わず、リスクを恐れて騙しだまし人生を生きてきたのではないでしょうか。

自分の本心に背いて、いい人になろうとしていませんか？
物事を損得で考えて、些細なことへの感謝を忘れていませんか？
これから先、あなたという人間をどのように扱っていきたいですか？

今のあなたには、これまでの生き方がすべて現れています。同時に未来は、これからの生き方で変えていけます。先人たちに学ぶこともできます。

徹底的に準備をしたら、とにかく最初の半歩でも踏み出してみましょう。

途中で引き返してもかまいません。あきらめずに歩み続けるのも勇気、あえて引き返すのも勇気。その経験は無駄ではありません。

大事なことは**自分の足で立ち上がる**こと。自分の決断で自分の人生を歩むことです。その決意が人生に生きる意味をもたらすのです。だから人生を前向きに歩む態度が生まれるのです。焦らずにゆっくり歩いていきましょう。

人を批判したくなったら？

周りの人に悲しい思いをさせたくない。誰もが願っていることだと思います。わたしも人を責めたり、なじったり、非難するのは好きではありません。子どものころにつらい思いをたくさんしてきたことも影響しているのかもしれません。

誰かを責めている自分が好きな人はいないでしょう。

人を責めているあなたは、あなたにとって上質でしょうか？

望ましいのは、信頼している、受容している、赦している、受け入れているあなたではないでしょうか。

もっともわたしも若いころはそう思えませんでした。

少しでも気に入らないことがあると、その瞬間に「もっと頭を使え」「なんでそんなこともできないんだ」と相手を打ちのめしていました。

「おれだって何もないところから努力してきたんだ」という自負があった

のでしょう。できない人を許容できませんでした。やることをやっていないだけだと自分勝手な論理を盾にしていたのかもしれません。

当時はそのことに疑問すら感じず、「相手の努力が足りないだけだ、自分は間違っていない」と思い込んでいたのです。

「人を傷つけたくないし、傷つけられたくない」という子どものころからの思いは変わっていないはずなのに、正義を振り回して相手を傷つけていました。相手によくなってほしいと思っているからこその行動ですが、真逆に捉えられていたでしょう。

相手が自信を失くす言葉を使っているかぎりは、**相手を外側から変えようとしているかぎりは相手とよい関係をつくれない**。こんな当たり前のことに気づくのに、ずいぶんと時間がかかったものです。

それ以来、誰かに注意するときは、人格は尊重して行為だけを正すように配慮しています。決して人格と行為を混同しないことです。本人の成長に必要と判断すれば、厳しい言葉を使うこともあります。ただその人を責めたり批判したりはしません。

「もっとこうしたほうがいいと思うよ」と本人にきちんと伝えます。同時に評価できる部分があれば、たくさんほめてあげましょう。ほめ上手ほど人の力を引き出すのがうまいものです。滅多に人をほめない人がたまにほめても、ものすごく効果があります。

誤った行為は注意をし、人柄についてはほめてあげる。たとえば「笑顔がいいじゃない」でもかまいません。よい人間関係を築く秘訣は、相手の長所にフォーカスしてほめることです。

先日、お手洗いを出るときに社員をほめました。

「次の人のために洗面台をきれいに拭いておくなんて偉いよ。気配りができるな」

こうしたちょっとした言葉がけでも相手の自己概念を高めることにつながります。人は誰でもほめられればうれしいもの。心のインセンティブを与えることは、他者への貢献です。お互いに気持ちのよい1日が過ごせるでしょう。


なるべく人生のよい面、相手の長所に焦点を当てて、心の温かい上質な自分を感じましょう。自分にとっても、相手にとっても心地よくいられる道を力強く歩めば、不平・不満はなくなります。

すぐに感情的になってしまう人は？

ついつい感情的になってしまうという人は、怒りを爆発させる前に「自分が得たい成果は何か？」と一呼吸置いて考えましょう。

人間は感情の生き物ですから、どうしても抑えが利かないこともあります。その原因は、**理想と現実のギャップにフラストレーションを感じているる**ことです。現実ではなく一旦自分が手に入れたいものは何かに焦点を移すことで、怒りが抑えられるようになります。

成績が悪いのに子どもは全然勉強しない。「勉強しなさい。勉強しなさい」とつい感情的にガミガミと言ってしまう。

これは「自分の子どもには幸せになってほしい。そのためにも成績がよくなってほしい」という理想イメージに現実を近づけようという心の動きです。

ところが「願望は強い、意志は弱い」の言葉どおり、いくら口うるさく言っても根本的な解決にはなりません。人は自らの願望に向かって生きる存在です。願望が貼り替わらないかぎり、心からの納得感をもって行動を変えることはないでしょう。

「いやいや、うちの子どもは注意すればきちんと勉強しますよ」という人もいるかもしれません。子どもは怒られたくないから勉強しているだけでしょう。

苦痛を味わいたくない。そんな後ろ向きな思いからくる行動では、テストの点数は上がっても学力は高まらないでしょう。

大事なことは、**自ら主体的にやりたくなる環境を整える**こと。人にはそれぞれやる気になるスイッチのようなものがあります。そのスイッチは、本人の求めるものに対してオンになるので、周りの人が強制的に押せるものではありません。

強制すればスイッチを入れることもあります。しかし、それは苦痛から逃れるための手段で、自発的にオンにはしていないのです。やらされ感のなかで行動し、成果が出ないと関係が悪化して、ますます他人への依存心が強くなります。

忍耐の木には花が咲く。湧き上がる感情に縛られないでください。きっかけは相手の行動でも、批判や怒りの原因は、あなたが描くあなた自身の**理想イメージと現実のギャップ**です。

心を解放し、クリアな状態でもう一度、理想を見つめ直してみましょう。そして、相手が何を求めているのか、何にやる気が湧くのかを質問してみてください。怒りが湧いてきたら相手に質問をする。相手を活かす道を探すほうが、最終的に自分の望むものを手に入れる近道になります。

不平・不満が募る理由

口を開けば、不平や不満ばかりを漏らしている人がいます。

「うちの社長はほんとうに頭が悪いよ」

「部長や課長は何もわかっちゃいない」
「うちの商品なんか時代遅れ、売れるわけない」
不平・不満ばかり口にしている人の心理状態は総じて同じ。すべて**自分のせいじゃない**です。

こうした不満を言う人は、じつはなんでも人のせいにします。自立できていないからです。自分の人生に起こることは、すべて自分の責任だという自覚が足りていません。少々厳しい言い方になりますが、精神的には未熟者です。

依存と甘えにどっぷりと浸かったぬるま湯の状態では、してもらっていることを当たり前だと思ってしまいます。他者への感謝が生まれません。改善ではなく文句ばかりで、自分から行動を起こすことはほとんどありません。

わたしは退職願いを出してきた社員に対して賛成するときと反対するときがあります。賛成するときは結婚のようなハッピーリタイヤか、どうしても叶えたい夢があると本人が自立の道を歩もうとしているときです。

反対するのは、本心に会社に対する不満が見え隠れしたときです。そういう社員が「会社を辞めさせてください」と言ってきたら、まず引き止めます。「いや、おまえはまだ辞めないほうがいいよ」と。それでも固辞されれば、無理強いはせず受け入れることにしていますが。

引き止める理由は、会社に不満をもって辞めると、次の会社でも必ず辞めてしまうからです。現実をつくり出すのは本人の選択、思考パターンです。人間は考え方が変わらないかぎり、必ず同じ振る舞いをして同じ問題に頭を悩ませます。

依存と甘えの体質は、仕事面だけではなく日々の小さな生活習慣から改めなければ、なかなか変えられません。理想は突然訪れるものではありません。現実の延長線上に未来があります。

どんなにすばらしい将来をイメージしても、今のあなたにとっては今の環境が現実です。もし現実を生き生きと歩めていないのであれば、その延長線上に理想とする世界が存在するでしょうか。

現実と理想の世界をリンクさせて、自分にとって望ましいおこないをしましょう。規則正しい生活をする。整理整頓をする。時間を守る。そんな**日常の些細な行動一つひとつを大事にする心**から日々を実感し、自分の足で生きる姿勢が培われていきます。

「そこまでして努力しても見返りは少ない」

「自分はこんなにがんばっているのに、なぜ正当な評価が得られないんだ」

依存心の強い人は、このようなギブ&テイクの価値観です。与えられなければ与えない。努力の駆け引きをします。とにかくできることを精一杯やろうという真の意欲はありません。

相手が自分の期待に沿わなければ、自分も与えようとしない。その姿勢から豊かな人生が実現するでしょうか?

繰り返します。豊かさと自立は比例します。まずは、自分が依存や甘えの強い人間で、与えられなければ与えないという価値観をもっていないか、客観的に省みることが第一歩目でしょう。

どうしても依存心のなくならない人は、睡眠不足や栄養のバランスが原因かもしれません。精神的・肉体的に問題がないかを専門家に相談してみてもいいと思います。

この世でいちばん悲しいこと

この世でいちばん悲しいこと、それは「自分」という存在を大切にできないことです。

自分にしか自分のことは大切にできません。周りの人が、あなたのことを大切にしてくれているのは、たまたまいくつかの条件が重なっているだけで、あなたがコントロールできるものではありません。自力でなんとかできるのは、あくまでも自分だけ。

親が自分を扱ったように、わたしも昔は「他人は何もわかっちゃいない」と周囲に反発ばかりしていました。でも、あるときから自分とは一生付き合っていくしかないのだと気づきました。

青木仁志のいちばんの協力者は、この青木仁志がなってやろう。
青木仁志の信用、信頼、人間としての価値、存在を大切に扱うことが、青木仁志に縁ある人を守ることになる。
青木仁志、おまえは身体に悪いものを食べるなよ。絶対に自分のことを卑下するようなマイナスの言葉を使うなよ。

こういう気持ちです。もちろんたまには脱線もします。だから毎日お風呂に浸かりながら、その日1日を振り返る時間を取っているのです。自己評価をする、自己分析をする。そこで自覚します。

「なぜあんなことをしたのか。ストレスが溜まっていたんだな。自分を解放してやりたかったんだな」

人間は弱く、自己中心的な生き物です。どうしても自分中心で世界を捉えてしまいがちです。だから、できるだけ原則中心に生きていけるよう目的や目標をつくるのです。

自己実現と他者への貢献を一致させる。そのために毎朝カフェで自分の大事にしたいもの、家族、仲間、縁ある人たちを意識します。そして他者への貢献の1日をスタートさせるのです。

もちろん自分のことも大切にします。セルフカウンセリングで自分の心に求めるものを問いかけます。その実現には、行動を客観的にコントロールできる自分であり続けることが必要です。だから、手帳を使って行動を管理しています。

こうした行動は、すべて日々の行動を成功の原則に合わせていくための処世術です。続けていけば、だんだんとぶれの少ない生き方ができるようになっていきます。思考と行為の一致です。

それでも人間はもともと不完全な存在、弱い存在、これが大前提です。

「自分はなんてできない人間なんだ」

自分が好きではないという人は、きっと親も嫌い、仲間も嫌いなのではないでしょうか。しかし、それらはすべてあなたの思い込みだと断言します。嫌いになった原因は、自分の思いどおりにならないから。つまり、わがままです。自分の求めるものが得られなくて挫折する。その原因を自分以外のせいにして不平・不満を言う。拒絶しているのは周りの人ではなく、うまくいかないあなた自身かもしれません。

皆、自分の思いどおりに生きたいのです。すべてを無理やり自分の思いどおりにしようとすれば、周囲の人はだんだん離れ、あなたは孤立していくでしょう。

1人が好きという人も、ずっと孤独ではいられません。溺れるように酒を飲んだり、精神安定剤に頼ったり、気分がハイになることをする。どうにかして孤独感から解放されようとします。部屋に引きこもってしまうのもそのひとつです。周囲とのつながりが感じられないから自分の殻に閉じこもる。人間にとって孤独は耐えがたい不幸です。

「あの人だからできるんだ。自分のことは放っておいてくれ」

他人との比較であきらめてしまうのは、できない自分を受け入れられないからです。うまくいかない理由を他人に置き換えて自分の能力を否定しているようで、じつは自己正当化しています。ひどいときには、とことん自分を肯定するために、人との交わり、社会との関わりを断とうとする。自分だけの世界に入り込んでしまう。そのほうが面倒なことはなくなるでしょう。

ただ現実から逃げても、苦痛からは解放されません。苦しみはなくなっても悲しみは増すばかりだからです。ありのままの自分から目を背けているのですから。

まずは人との関わり、社会とのつながりを取り戻すことから始めましょう。「現実は自分の思いどおりにはならない」という思い込みは変えられます。

心が沈んでいるときは、家の周りを少し散歩してみるのもいいでしょう、気が向いたときだけでも、友だちに電話をしてみるのもいいでしょう、大好きな映画を観に行ったり、大好きなアーティストのライブに行くのも、図書館で本を読むのもいいでしょう。リビングでお笑い番組を見れば、笑うことでだんだんと素の自分が戻ってくるかもしれません。

とにかく、自分の殻にこもらずに、つながりが感じられるようなことをしてみてください。どんな状況でも生きているかぎり、あなたはあなたを感じられているはずです。急に現実は変わらないかもしれません。自分なりにつながろうとしても、周囲からは冷たい反応しか返ってこないかもしれません。他人は思いどおりにならないからです。

でもほんとうの意味で他人はあなたを傷つけられるのでしょうか？

あなたがそんな冷たい人間に振り回される道理はありますか？

何か特別なことをしなくても、できなくてもそのままですばらしい。自分は自分でいるだけで価値がある。その実感が自己愛です。わたしは親の愛情を実感する機会が少なかったので、自分の価値を確信できませんでした。誰もが望まれて生まれてきた。どうしてもその感覚が得られなかったのです。だから、相手の反応を見て、役に立ったり期待に応えることでしか自分の居場所を見出せなかった。

今、孤独を感じている人も、挫折して人とのつながりを断絶してしまっている人も、どうか社会という大きなつながりのなかにいる自分を感じてください。

あなたは望まれて生まれてきました。そのままで価値がある存在です。目一杯、自分の可能性を開花させましょう。あとは、あなたが自分本来の価値に目を向けるだけです。

「葛藤」を成長のエネルギーにしよう

人生に葛藤はつきものです。わたしもときどき葛藤に悩まされます。信頼していた社員から辞意を申し入れられたときなどがそうです。

「なぜ辞めたいと言い出したのだろう。生涯の仲間だと思っていたのに」

葛藤の原因は、理想と現実のギャップです。自分がイメージしているものと、得ているものとの差に欲求不満が起こります。

一生涯、葛藤は起こり続けます。それをなんとか工夫して抑えようとするのは無理です。葛藤は起きるもの。大切なことは、葛藤が起きたときに怒りを抑圧して憎しみを抱いたり、思いどおりにならない不満を自分や他人にぶつけないことです。

誰だって時には、堪《こら》えきれず怒ったり、落ち込んだりします。でもそれが原因でずっと不機嫌になったり、暗くなったり、ひねくれていたりするのは、現実に負けている人の気持ちや姿勢です。思いどおりにならないことがあっても、あなたの行動や態度にまで反映させる必要ありません。

もし、失恋してしまったら悲しい気持ちは自然な感情です。ただ「これを成長の機会にして、相手が惚《ほ》れ直すくらいよくなろう」と自分に対して肯定的な解釈をするほうが、ちょっと傲慢な態度に感じるかもしれませんが、人生にとっては糧になります。

逆境を乗り越えようとする行動にこそ成長があります。ずっと落ち込んでいたら先へ進めません。

理想と現実のギャップにはあまり焦点を当てないことです。ギャップをどう埋めていけるのか。行動はつねに未来に対して働きかけましょう。反省とは、将来へ向かうためにするものです。

社員が離職したとき、わたしは次のように分析・反省をしました。

ひとつは、当時の採用が理念より能力を中心とした採用になってしまったのではないかということです。独立意識の強い人間を優先的に合格させた。あるとき、その心に火がつき退職を思い立ったのではないか。

もうひとつは、マネジメントの問題。目標達成に関する評価や人事考課制度が組織の拡大に追いついていないのかもしれない。

最後は、コミュニケーション不足。社員数が急激に増えたため、心と心をつなぐ時間をもっと増やすべきであった。

その反面、究極は縁があれば別れないとも思っています。どんなに過酷な状況でも別れない人間は別れない。別れる人間はどんなに報酬を出しても、どんなによい条件を出しても別れる。縁とはそのようなもの。不思議です。

わたしは去っていく人間よりも残っている人間を愛します。その思いはものすごく強い。なぜなら残っている人たちを幸せにするために、できるかぎり自分のエネルギー、資源を割いてあげたいからです。

過去は変えられません。でも自分が変われば過去の見方は変えられます。そして、未来も変わっていきます。難関にぶち当たったら、目的や理念に立ち返りましょう。進むべき方向性が明らかになります。

自分で答えを見つけられなければ、メンターに意見を求めてもいいでしょう。

「このように考え、こうしようと思っているのですが、間違っていないでしょうか？」

あなたを悩ませている問題で解決できないものはありません。もし解決できないとしたら、それは最初から問題にはならないはずです。

葛藤や障害は成長の促進剤。あなた自身が輝くためのエネルギーへと転換してしまいましょう。

好奇心が回復力を高める

「最終的には誰かがなんとかしてくれる」
「自分がやらなくてもいいだろう」

行動できない人の奥底には、こうした他人への依存心があります。最後の最後は他人のせい。根本的な原因は、自分にはありません。

主体性。とても大切な言葉です。主体性のある人は、自分の軸をもっています。

依存心の強い人は自分に基準がありません。どこか受け身だから、どうしても相手の行動や反応に左右されてしまいます。もちろん、主体性をもっている人でもぶれる場合はあります。

人間は社会的な生き物なので、他者評価から逃れることはできません。商品にせよ、サービスにせよ、情報にせよ、周りに評価されないかぎり実用化したり、その対価を得ることはできない。

だから成功を収めている人は、自己評価と他者評価が一致しています。そこには心の平安があり、当然、自分の道を信じて成果につながった行動が積み上がっています。

周りから見て「強いなー」という人には、主体性があります。行動できるので、ぶれることがあったとしても**回復力**が違う。

たとえば、わたしはいまの会社をゼロから起こし、お客様にとって魅力的な商品、サービス、あるいは仕組みや情報を提供するために30年間研鑽を重ねてきました。時には、お客様から厳しいフィードバックを受けることもあり、必死に経営努力をしています。成長の痛みはあってもぶれ続けることは難しいでしょう。

依存心のある人は、行動範囲が狭い。傷ついてもなかなか回復できないのは、同じところに留まっているからです。傷つけられまいと緊張しているから、自分をすり減らすばかりで、ますます意欲はそがれていきます。

フィードバックを求めれば自己評価と他者評価を擦り合わせることがで

きるのに「おいしいですか？　使いやすいですか？　役に立ちましたか？」など、素直な心で相手の意見や感想を求めることができない。それらの評価も絶対ではありません。自分と他人どちらの知覚も絶対はない。

ところが、なぜか他人の知覚で自分を値踏みしてしまっている。他人の期待に沿わないといけないように感じて委縮し、しだいに無気力になっていく。

「なぜだろう？」「こうしてみたい！」という好奇心は主体性の源です。別に成果の出ている人だって強いとはかぎらない。でも受け身の人と違って行動しています。

他者評価に納得できなければ、どうすれば評価が上がるのかを聞く。そして上がるような行動をする。それでも正当に評価してくれなければ、その人から離れる。

そこまで積極的にできなければ、まずは自分自身に「今日自分は昨日よりも少しは成長できただろうか？」と問いかけてみる。

前向きな気持ちになったから行動できるのではなく、興味・関心があるから行動できるのではなく、行動するから発見があります。発見があるから興味が湧きます。興味が湧くから深掘りできます。

精一杯打ち込む姿勢にこそ、人は芯の強さを感じるのです。

責任能力をいかに高めるか

責任能力をいかに高めていけるのか。人生最大の課題と言っても過言ではないでしょう。自分の身に起こることすべてに対して責任感を100パーセントもてれば、生きるエネルギーに満ち溢れた最高の人生が歩めるでしょう。

「オギャー」と生まれたときは誰もが依存の塊。まったく責任の取れない存在です。そこから社会に出て、増える役割に応じた責任能力を身につけていけるかです。

ある程度までいくと、「これ以上はしんどい」「今のままでいいや」と責任放棄や自己正当化が始まります。そこから一段上のステージへ行けるかどうかは本人の器です。

成長意欲をもちたければ、器を大きくしなければなりません。器を大きくするためには、自分を向上させようと言い訳せず、目の前のことに没頭することです。求める人ほど役割を背負おうとします。

「自分は能力があるのだから、結果を出しているのだから、高い地位が与えられて当然だろう」と、そこそこで満足している人はうぬぼれ屋です。真の責任感がない。

依存心があると自己満足で終わってしまいます。自分のための努力ではなく、誰かを見返したり、人に認められるための努力になるからです。

そういう人は、他人からの評価に左右されてしまう自分を隠そうと脅えています。守りに入っているから心がすくむ。そこには溌剌《はつらつ》とした明るさや心の伸びやかさはありません。求めているのは他人からの評価なので、評価されなくなると反発したりふてくされたりします。

実行力と責任能力の先に人生の豊かさがある

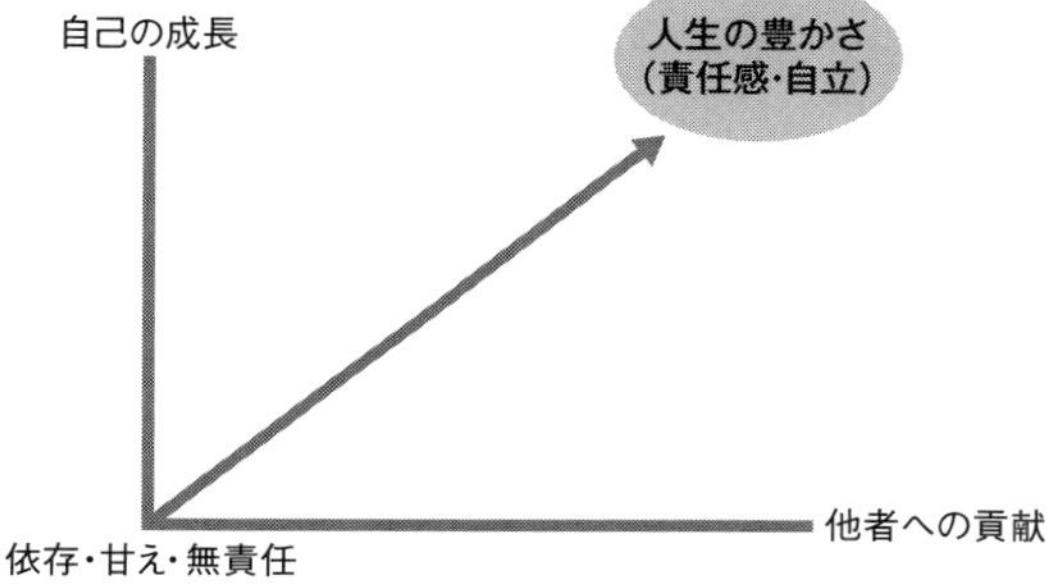

豊かさは自立に比例すると述べてきましたが、細かく見ていくと自立はふたつに分けられます。**自己の成長**と**他者への貢献**です。

グラフで表すと、縦軸が自己の成長、横軸が他者への貢献で、右上にいけばいくほど、成長していきます。ほんとうに責任感のある人は、周りに与えることを自分の喜びとしているので、相手のために積極的に自分を伸ばそうとします。そして、責任の範囲をどんどん広げていきます。反対に無責任で依存していたら、状況は今のまま。つまり成長率ゼロです。

自己の成長と他者への貢献＝豊かさ。

依存・甘え・無責任＝貧しさ。

明日おこなうのも今日おこなうのも結局は自分。いつかはやらなければなりません。「現状をよくするためにやるべきことは、すべて自分の仕事だ」と心から実感できたときに、本気の努力が始まります。真剣に打ち込めないのは、どこかに甘えがあるからです。

自分の人生は自分の責任。先頭に立って現状を改善し、周りに伝播していきましょう。自分から他人や社会へ働きかけることで、相手の力が引き出されます。あなた自身のエネルギーも高まります。誰かによく見せるための努力から解放されて、なすべきことに集中できるからです。

どうしても今日やりたくなければ、先に延ばしてもかまいません。能動的に「やらない」と決めるのもひとつのテクニック。現実的に意欲だけではカバーできない場合もあります。そのときに自分を責めてはいけません。

仕事においても依存心のある人は努力しているように見えて、内心は達成してもしなくてもどちらでもいいと思っています。中途半端にしかエネルギーを使っていないから、いつまで経っても自分の本領がわかりません。真に幸福にも不幸にもなれないのではないでしょうか。

やるべきことに焦点を当てて、自分のエネルギーを集中させましょう。決めたことを達成するべく注力するだけです。だから一旦先延ばしをしても、その次はありません。必ずやり遂げましょう。

わたしもまだ五合目。達成の道半ばです。それでも確信をもって歩んでいます。なぜなら、内から湧き出るパワーを目の前のことにすべて注いでいるからです。やるべきことは無数にありますが、実行時には一つひとつに集中しています。共にめざし続けて、もっともっとよくなっていきましょう。

自分が選んだ道を正解にする

人は、自分が選んだ道を生きていくもの。今、歩んでいる道がどんな道であっても、それはあなたが自分で選んできた道です。

「人生の正解はどこにあるのか？」と探し求めるのではなく、自分が選んだ道を正解にしていく。わたしは、そう考えて生きてきました。

「われわれは、幸福になるためよりも、幸福だと人に思わせるために四苦八苦しているのである」

ラ・ロシュフコーの言葉です。自分に軸がないと、他人の評価がそのまま自分の価値になってしまう。基準が相手になってしまっているのでぶれます。

軸をもちたいけれど、自分のほんとうにしたいことがわからない。何をしたらいいのかわからない。ならば「今」を変える行動をしてみてはどうでしょう。これまで選んできた道に不足感があれば、これまでとは違う基準で行動を選択することです。

ブリタニカ時代にあるトップセールスマンからこんな言葉を聞きました。

「ブリタニカに残れるのは能力がある者ではない。残ったから能力があったんだ」

逆説的ではありますが、おもしろい見方だと思います。自分の主義主張を一旦置いて、まずは自分の興味のあることや目の前のことを真摯にやりきることです。

生き残ったものが適性を見出します。適性がないから生き残れないのではなく、能力を使うから適性となるのです。

うまくいく方法を見つけるのに時間を割くのではなく、目の前のことをうまくいくまで繰り返しやってみたらどうでしょうか。そういう体験を一度でいいから自分の中にもつことです。

幸せな人生を歩みたい。人の役に立つ生き方をしたい。身近な人を大切にして生きたい。周りの人へ恩返しをしたい。

言葉だけならいくらでも取り繕うことができます。動機付けされるから動けるのではなく、動くからひたむきな闘志が生まれます。ひたむきさから意味が見出されます。

自分の理屈と現実を埋めるためには行動しかありません。行動から、その人のほんとうの姿が見えてきます。

文庫版新章

逆境に強い人、弱い人

一歩を踏み出した先にあるもの

勇気を振り絞り、一歩前に踏み出すと人が必ず直面するものがあります。それが逆境です。この文庫版新章では、行動を起こした先にある逆境の乗り越え方を教えたいと思います。

挑戦すれば必ず乗り越えるべき壁が現れます。すると、私たちは壁を乗り越えられるだろうか、と結果を予測します。高い壁であるほど「自分にはできないのではないか」「無理かもしれない」とマイナスの感情が出てきます。それが恐怖を生み出して行動を抑止します。逆境に強い人間とは、一言で言えば、その壁をはねのける信念の持ち主です。自分を信じる力が強いので、乗り越える前から成功を確信しています。

信念という言葉は仰々しく聞こえますけれども、誰でも持ち合わせているものです。たとえば、新入社員がはじめて電話営業するときは、相手に何を言われるかわからない、話がうまくないという恐怖心が生まれて、受話器を取る手にも緊張が走ります。

ところが、数ヵ月もすれば電話掛けは当たり前に淡々とおこなえます。「今日は100件かけよう」「昨日よりアポイントをふたつ多く取れるようにがんばろう」と、前向きな気持ちから主体的に目標を立てはじめます。これは経験を積むことでトークが磨かれ、さらに営業電話をきっかけにしてお客様に喜んでいただいた成功体験を重ねたからです。

ほんとうに信念のある人間は気合や根性で逆境を乗り越えません。必ず成功できるというイメージがある、イメージできなくても自分には解決できると信じられているので、目の前の課題に粛々と一つひとつ取り組んでいきます。

逆境を乗り越えるとは、周りの協力も得ながら、求める成果にストレートに日々努力をしたということにすぎないのです。

とはいえ、問題に直面すると先が見えなくなって、どうしたらいいのかわからず、私たちはパニックになります。ただ、その場で一生懸命、解決策をひねり出そうとしても、今の自分では妙案は浮かばないわけです。

同じ問題でも子どもと大人では捉え方が異なります。職場でも新人にとって大変な仕事でも上司にとってはなんてことないものだったりします。

この違いは、大人や上司の中には**整理された行動**があるからです。電話営業しかり、すでに慣れ親しんだ経験であって、何度も成功していてどう向き合えばいいのかを熟知している。また問題が発生したときにどう対処すべきかがわかっているので、恐怖心はありません。

私たちはつねに新たな行動を生み出し続け、自分の人生をうまく渡り歩いていこうとしています。たとえば仕事中に少し休憩しようとコーヒーを淹れる、椅子から立ち上がって伸びをする。方法は違っても、非常に具体的なリフレッシュのイメージが頭の中にあって、私たちはそれを手にするために効果的な行動を新しく創造し続けています。

行動にはつねに、求めるもの（思考）としていること（行為）を一致させようという目的があります。

もちろん、実行してみるとあまり役立たず、過去におこなった行動のほうがすぐれているかもしれません。ただ、つねに新しい行動が求めるものを手に入れるために効果的である可能性は存在します。求める気持ちが強いほど、人は必死に新しい行動を考え、試行錯誤します。

そういう人は失敗を繰り返しても前に踏み出し続けます。誰も行動を止めることはできません。欲しいと思うイメージに突き動かされて、ますます行動を重ねていくのです。

なぜ研修をしても効果がないのか？

生まれつきの家庭環境や資質は選べません。経済的に不自由なく育ってきた人もいれば、記憶力にすぐれていて学業に秀でている人もいます。

失敗を知らない人とは、どんな人物を想像するでしょうか。

エリート街道まっしぐらで何をやっても成功してきた人ですか？

裕福な家庭に生まれ、社会的な成功が約束されている人ですか？

これまで挫折だらけの人生を送ってきたという人も、今この瞬間に失敗を知らない人生を歩むことができます。それは生い立ちや資質に左右されるものではないからです。

ほんとうの意味での失敗とは**あきらめてしまうこと**です。なぜあきらめてしまうのかと言えば、苦痛感情を乗り越えた先の成功イメージをもてなくなったり、苦痛を回避し、安易な道に流されてしまうからです。

逃げたくなるのもわかります。苦痛と向き合うのはつらいことです。ただ、それを繰り返すうちに、ますます効果のない行動を選んでしまうことに気づいている人が少ないのです。

これまでの人生を振り返り、ひどく挫折したり、落ち込んだときのことを思い出してみてください。そのとき、あなたは何を思っていましたか？　悲しみに暮れながら、成功のイメージ、理想のイメージから離れられずに悩み苦しんでいたのではないでしょうか？　そして悩めば悩むほど、効果的な行動からは遠ざかっていったのではないでしょうか？

客観的に考えれば、落ち込むよりは少しでも行動したほうが効果的です。たとえば大切な人と喧嘩したのであれば、自分を責めたり、相手のせいにするより、仲直りするための連絡を取るほうがはるかに意味のある行動でしょう。

ところが、苦痛感情から逃げ続けていると、無意識のうちに非合理的な行動を繰り返し、状況が悪化し、どうにも事態が好転することは考えられなくなり、ますます苦痛感情に溺れていきます。

それでも人は新しい行動を次々に生み出していきます。悩みを解決してくれそうな本を読んだり、研修に行ったり、カウンセラーを探したり、引きこもって自分の殻に閉じこもる人もいるかもしれません。精神的に追い詰められて病気を発症したり、無責任に家族や身近な人へつらい仕打ちをしたり、睡眠薬やアルコールを大量に摂取する人もいるかもしれません。

こうした行動の数々は、少なからず快適感情をもたらす部分があります。

落ち込んで前に進む力を取り戻せるのであれば役に立つ行動だと言えます。

ただし次のポイントがあります。

・短期的（3ヵ月以内）には
・周囲の人との関係を破壊しなければ

この2つを忘れないでください。苦しみを味わったときには癒しが必要です。しかし、落ち込みがあまりに長くに渡っていては、また、あなたが苦しむことで親しい人たちとの関係を損なうようであれば、状況をよくする機会を失うばかりか自滅していきます。

とくに周りに当り散らすような怒りの行動は、事態をきわめて悪化させていきます。不安と向き合うのはつらいことです。誰も惨めさを味わいたくありません。ただ苛立ちや腹立たしさを行動で表すなら、落ち込むほうがずっと有益です。

悩むときは静かに悩む。何もしたくないときは何もしなくていいのです。自己破壊的な行動に思えるかもしれません。でも、前向きになる元気がなければ、それが得てして最善の行動なのです。

不安や恐怖心を感じたときに示す行動は人それぞれ異なります。罪の意識をもって自分を責める、かんしゃくを起こして他人を責める、体調を崩してしまう。いずれにしても、本人にはその行動を取ることでなんらかの有益なことがあるのです。そしてその行動は、周囲の人や過去の経験から学び取っていきます。

たいていの人は**落ち込みのパターン**をもっています。その使い慣れた思考、行動を何度も何度も繰り返します。

落ち込んでもかまいません。ただそれがいままで効果のない行動であったのならば、違う行動を起こしたほうが前へ進めるでしょう。

私たち人間は、新たな行動を起こすことができます。いや、どんな人もつねに新しく行動し続けているのです。尽きることなく。いくら厭世的になろうが、無関心になろうが、気力がなくなろうが、それが新しい行動なのです。私たちは絶え間なく行動の再整理をしながら、快適感情を手にしようとしています。

自分の中で幾度となく起こる、その小さな変化に気づいている人はほとんどいません。**誰かが有効なアイデアだと着目する、自ら役立つ行動だと**

認識することをしなければ、長年使い慣れた行動を手放すことはないでしょう。これが生き方を変えるということです。研修を受けたり、自己啓発の書物を読んでもそれはきっかけにしかすぎません。人生を変えるのは行動です。

ほとんどの人は「こうしたほうがいい」ということがわかっています。それでも落ち込み、悩み、動けなくなります。新たな行動が今の行動以上に快適な感情をもたらしてくれる、求めるものを手に入れるためによいという保証は誰にもできないからです。

そして、残念ながら苦痛感情を味わっているときほど、人は新しい情報を求めます。困っている人ほどすぐに使えそうなアイデア、役立ちそうな方法に目を向けます。うまい話、手っ取り早い話に飛びつきます。長期的・本質的・客観的な視点に欠けた効果のない、もしくは効果の薄い行動を繰り返します。

私たちはいつも問題解決に向かっている

新しい行動はちょっとした考え、いままでとは違った感情から生まれます。かつてはメールで連絡していたものが、いまはちょっとしたやりとりならＳＮＳを使ったほうが手軽に返信できますし、相手からも早くレスポンスがきます。

メールだけ、電話だけで他人と連絡をする人がいる一方で、多くの人がＩＴを使った再整理した行動のほうが簡単にコミュニケーションを図れると判断したわけです。

このような私たちにとって当たり前の行動も絶えず再整理され、新しく生まれ変わっています。新しい行動がすべて効果的かというと、そうではありません。また、必要なときに適切に生まれてくるものでもありません。たとえば、健康を考えてランニングを始めたその日に足腰を痛める人がいます。運動が過酷になり、心筋梗塞など重篤な病気を起こす人もいます。

新たに考えつく行動が求めるものを手に入れるために最適であるとは言えません。とくに失敗が続いたり、厳しい状況に陥るほど、人は考えられないような不幸な行動を繰り返します。相手を責め立てたり、悪徳宗教にはまったり、自分を傷つける人もいます。なぜならば、それ以上によい行動が見つからないからです。手持ちの行動を使い果たせば、効果的かどうかよりも新しい状況につながりそうな再整理された行動に託すしかなくなります。

悩みはつねに出現し、私たちは日々その解決に追われます。ほとんどの場合はこれまで起きたことのない重大な問題には直面しないので、よく使い慣れた行動で対処しています。その状況下でも行動の再整理はつねにおこなわれています。普段は、この新しい行動に目を留めることはありません。ただ、意識していないだけで、少しずつ行動は整理されています。

この行動メカニズムを理解することで、人生をより効果的に歩むことができます。たとえば、同じ業務量でも毎日遅くまで残業し、休日出勤もたびたびしている人と、定時には必ず仕事を終わらせて、休みの日に絶対持ち越さない人がいるわけです。

私たちは毎日懸命に生きています。しかし、もっと創造性を働かせられるはずです。それが人生を効果的に歩むということです。何もないところから、創造性によって求めるものを手にする奇跡を起こせます。

創造性の目的はただ創造することです。それは世の中にまったくない新しいアイデアである必要はありません。創造性を発揮する本人にとって新しいかどうかだけです。

私たちがなぜこれほどまでに行動を必要としているかというと、つねに欲求を満たそうとしているからです。36ページで述べた、人間の遺伝子に組み込まれた5つの基本的欲求を満たすために、行動をたくさん重ねていかねばならないのです。私たちは日常生活で行動を再整理しながら、瞬間瞬間に新しい行動を生み出しています。その一つひとつは些細なものです。

それが少しずつ積み重なりながら、私たちの思考、行動パターンや人との関わり方をつくっていきます。

すなわち**私たちの人格がつくられる**のです。人は自分の考えているとおりの人間になるというのはまさにそのとおりで、どんな整理された行動を選択するかによって、あなたという人間が決まります。

しかし、再整理のメカニズムは最適かどうかは判断しません。再整理された行動が効果的だったのであれば、思考が賢明な選択をしたと言えます。

思考を変えるためには、学習するしかありません。知識を入れたり、経験することによって新しい情報を得て、思考が変化し、行動が再整理されます。

情報に触れないかぎり聡明な解決策は導き出されません。学び、行動するなかで見えてくるもの、徐々に固まってくるものがあります。

信念をもつためにはどうしたらいいのか?

先が見えない不安があると、何が正解なのかを探してしまいがちです。しかし、挑戦を続けていると、未知の問題にぶつかっても落ち着いて行動できるようになってきます。

困難を乗り越えられる人、逆境に強い人とは最終的には自分を信じられるかどうか、もっと言えば求める心が強く、そのために行動し続けられる人です。

そういう人を信念の持ち主と言います。この言葉はとても強固なものに捉えられがちです。信念の話をすると、オリンピックで金メダルを狙うような、ストイックな毎日を実現させる芯の強さ、心の力を想像する人がいます。

しかし、信念とは大きなものではありません。誰でも育むことができます。信念とは、**繰り返し繰り返し意識下に叩きこまれた考え方の力**だからです。

つまり、信念の源は個人的なものでもかまわないのです。愛する人を守ろう、信じてくれている人を裏切ることはできない。そんな身近にある強く自分を動機付けるものが逆境で支えになってくれます。

うまくいかないときには誰でもうまくいく方法を探そうとします。でも肝心なのはどんな状況でも左右されない信念を育むことで、そうした状況でもなんとかなると思える、自分を信じられるようになることなのです。

逆境でも必死に行動することで救いの手を差し出してくれる人が現れます。わたしの場合は苦しいときにお金を貸してくれた人もいたし、情報提供してくれた人も、手を貸してくれた人もいました。

なぜ協力をしてくれたのかというと、素直に目標に向かって生きる姿に対して「力になってあげよう」という気持ちが湧きあがってきたからだと思います。他人を出し抜いてうまくやろう、利用してやろうという人間が直面する逆境と、誠実さを貫いていながら、コントロールできない外部環境の変化などに巻き込まれて苦しんでいる逆境は異なります。後者は本人の読みが甘かったのです。元々の仕事に対する誠実さがあれば、逆境に直面しても精神論ではなく実力が伴ってきて乗り越えることができます。

もし実力が満たなくても人の力を借りられれば問題解決ができます。なぜ人が力を貸してくれるかというと、その人の志、在り方、人柄から、何かこの人のために力になりたいというものがあるからです。

いまは頭で納得できなければ動かない人が増えているように感じます。そういう人は反対に自分をイエスにできたときにパワーが出ます。

自分の考え方を変えるのは時間がかかる作業です。でも中途半端に妥協するのではなく、とことん納得できるまで納得するための行動をしましょう。それも一歩を踏み出しているわけです。それが求める心です。願望です。その心から信念が育まれ、共感する人が現れて、あなたの人生は切り拓かれます。

求めるものを明確にできるのか？

成功の出発点は願望を明確にすることにあります。もし成功者と失敗者に資質の違いがあるとするならば、**願望に対するこだわり**でしょう。あきらめようと思ったら日常茶飯事であきらめられるのです。

たとえば、わたしは60歳を過ぎてある程度の経済的な基盤もできています。安易な道を選ぼうと思ったら、経営を人に任せて、楽しみの欲求を満たすような人生を送ります。

しかし、下村博文さんに頼まれたことを意気に感じて、ここから歴史に残る能力開発プログラムをつくろうと挑戦を始めています。これは自分の中にある意味づけ意義づけ、理屈を超えた原体験からくる内発的動機の力です。

人は内発的に動機付けられて一貫した行動を取ります。富める人ますます富むというのはそのとおりで、能力開発の言葉で表現すると、求める人はますます与えられるのです。

中途半端に生きている人には中途半端な人が集まってきます。そして、中途半端な結果しか出ません。とことん挑戦している人は、何かの経験がきっかけになっていて、自分の中に求めるものがあります。

人生とはその人自身の作品なのです。30歳を過ぎても原体験がなく、内発的に動機付けられてもいないという人は、必死に生きている人間と成長の差が開くばかりでしょう。

ただ、そういう人も自分の可能性は信じてほしいのです。なぜ自分を信じられないのかというと、とことんやっていないからです。人のせい、環境のせいにせず、一度きりの人生、自分の人生ですから、最大限の成長をめざしましょう。

成すべきことを成さずに結論を出す癖が多くの人にあります。取り組んでみたら違う展開になるかもしれないのに、始める前に結論を出してしまう。それが人を失敗者にしていきます。

知識に関してはあらゆる角度から情報を得る手段があります。でも、求める心がなければ活かせません。中途半端に豊かな時代になって、多くの人は娯楽に命である大切な時間をたくさん費やして、純粋にほんとうに価値ある生き方とは何かを掘り下げて人生を深めよう、才能・天分を存分に発揮しようと真剣に考えている人は少ないのです。

難しい説明はいらず「誰のために、なんのために、なぜ成功したいのですか?」と聞かれたときに、「親のため、配偶者のため、家族のため」と率直に言えるかどうか。ここが能力開発における最大の課題なのです。

成功者は「配偶者のため」と言い切れるパワーと「自分のため」と言えるパワーが一致しています。もし愛する対象者が思い浮かばなくても、自分自身を愛する力は出せるはずです。あなたの価値ある命のために、成功をめざすのです。

価値あるあなたの命を今日まで育んでこられたのは誰のおかげでしょうか？　自分を大切にすれば大切にするほど、親、恩師、お世話になったさまざまな人たちへの感謝が生まれてくるはずなのです。この感謝の心をもてる人間ともてない人間とでは人生の豊かさに雲泥の差が出ます。

昔、ジャック・ニクラウスがしている金のロレックスはとてもカッコよく見えました。多くの人が憧れて身に着けたいと思いました。ただ、同じ時計を買った人が全員、街中で同じ羨望の眼差しを向けられたわけではありません。同じロレックスなのに持ち主のバックグラウンドによって価値が変わって見えるのです。

人生も同じです。誰がおこなったのか、発言したのかによって重みが違ってきます。

もちろん、どんな人生を歩んでも批判する人、拒否する人は必ず現れます。ならば自分の願望にストレートに、好き勝手に生きなければ損だという考え方もあるかもしれません。

他人の批判や思惑に目を向けるより、自分の願望に生きることは尊いことです。自分の心の声に従うことは成功の基本。ただ、どういう方向でお金を得ていくのかについては長期的・本質的・客観的な視点に立った人生設計を考えるべきです。劣等感をバネに経済的な成功をめざす生き方と、自分という人間の働き、価値の提供から生まれる豊かなライフスタイルはまったく別物だからです。

これまで色々な人を研修で見てきました。劣等感を補うためにがんばる人間は挫折する確率が高くなります。なぜなら人間関係に課題を抱えるからです。勝ち負けのパラダイムをもっているので、表面的には人に合わせながら、心根では相手に勝ろうとしているため、相手との関係を悪化させてしまいます。裏切った、裏切られた、期待に応えない、応えてくれないという現象が起こります。

よく観察すると長く付き合っている人が少ないのです。たまに長く付き合っている人間がいても利害が一致しているだけだったりします。

身のほどを知り、できる範囲で行動し、貢献や真心を大事にしている。そうした軸からぶれずに生きている人間が信頼され、人から長く付き合っていきたいと慕われます。

ただ、勝ち負けの価値観があっても、表面的には人当たりがよく、うまく相手に尽くす人もいます。利己的な人間と利他的な人間をどう見極めればよいのか?

人となりを知るためには、その人の**時間とお金の使い方**を見るしかありません。自分だけではなく、自分と共に生きている人を大切にしているかどうか。まず家族、次に社員、仕事でパートナシップを組んでいる人たちなど、身近な人たちからその先へ時間とお金をどれだけ使っているかを見ます。

身近な人の役に立ちたい、上司の期待に応えたい、目の前のお客様に喜んでいただきたい、同僚や仲間に貢献したい。そういう心が困難な道を切り拓きます。

たとえば、商品やサービスを販売したあとは、クライアントの責任なので自分から積極的に働きかけることもなく、そればかりか一方的によい条件を引き出そうとする心得違いをしている人がたくさんいます。そういう人の活躍は長く続きません。

もし自分が顧客になってしまったら？　見る目がなかったと反省するしかありません。そこで「裏切られた」と精神的に挫折し、人を信じられなくなるのではなく、よい勉強をさせていただいたと思い、何を学べたのか、次にどう活かすのかに焦点を当てるのが賢明な選択です。

失敗するときは、それこそ見せかけで騙されるのです。鼻から人を騙そうという人は少ないものです。相手が騙そうとしていたらなんとなく感じるものだからです。

自分中心に考える約束を守れない人間が、結果として人を裏切るのです。それを見抜けなかったのは、自分に問題があったからで、相手に問題があるわけではありません。飛んで火にいる夏の虫の問題は、火ではなく虫にあるのです。

約束を守れる人、守れない人

小さなことに忠実な人は大きなことにも忠実です。約束を守る誠実な人間かどうかを知りたければ、一つひとつ日常の小さなことを観察します。信頼できるかどうかを知るためには時間が必要です。相手の発言だけではなく行動パターンを見ましょう。

相手のことをよく知らないうちから急なお願い事をされたら？　即答しないことです。あなたはその人とよい人間関係を築きたい。ただ、相手の要求は受け入れがたい。このような葛藤が生じているときに、私たちは、求めるものと今していることのギャップをなくそうとして行動を起こします。葛藤を抱えているときほど、何をすべきか明確ではないのに、「何かしなければ」という焦りばかりが先行します。そしてより一層活発に、私たちは積極的に何かをしようとします。

そもそもほんとうにその問題が葛藤なのか吟味が必要です。たとえば、家族との時間をもちたいが、仕事が忙しい。この問題は葛藤ではありません。朝早起きして子どもたちと朝食だけは一緒にとる、週に一度は残業しない日をつくるなど、行動を変えることで解決できます。そして、どんなに忙しくても家族との時間を取っている人はいます。

確かに早起きをしたり、仕事を早く切り上げるのは簡単ではないかもしれません。でも、それは葛藤ではなく自分が目を背けたい努力です。

つまり、あなたが真剣に取り組めば、多くの問題は解決できます。理想と現実のギャップは解消できます。**困難なのは自分の考え方を変えることなのです。**ほんとうは解決できるはずの問題に葛藤している人がたくさんいます。家庭と仕事のどちらに時間を割くのか。「大事なプロジェクトのメンバーに選ばれたから」「部下のマネジメントまでしなくてはいけなくて仕事量が増えたから」と言い訳をし、自己正当化をし、いままでどおりの生活を続けるのです。

真の葛藤に苛まれているとき、私たちにできることはほとんどありません。考えられる最善の行動。それは**時を味方につける**ことです。言葉にするほど容易くはありません。でも、葛藤に長いあいだ苦しむよりは、すぐには解決できないことを受け入れ、待つことが効果的です。

どうにもならない状況だから葛藤なのです。そのどうにもならない状況をどうにかしようとして苦しみ続けるより、懸命によい1日を過ごそうと目の前のことに集中することで少しはコントロールを取り戻せます。

私たちは不安になればなるほど何かをしたくなります。動きたくなります。それなら、目の前のことに集中しましょう。全力投球するのです。そのほうがはるかに人生を効果的に歩めます。少なくとも葛藤し苦しむよりは、ずっとよい時間の使い方ができるでしょう。

どうしても問題から目を背けるのが難しい人、何かしなければ不安な人は**期限を決めて問題に取り組む**ことです。どちらかの取り組みによって事態が好転すれば、コントロールが増大したことになります。そこから解決の道が見える場合もあります。

ただし、単なる悩みを葛藤だと勘違いして、時間をかけて対処しようとすれば、事態は悪化するばかりです。火消しはボヤのうちにおこなうのが鉄則です。解決に乗り出すのは早ければ早いほどよいでしょう。どんなときも、あなたにとって役立つ行動を選択しましょう。

よく悩みに直面したときに正しくあろうとして自分を追い詰めてしまう人がいます。正しくあらねばならないと思えば思うほど、できていない自分に挫折し罪悪感に苛まれます。問題を解決しようと動いて、反対に悩みの種を増やしてしまうような行動は解決策ではありません。

願望はつねにぶつかり合います。フラストレーションはつねに起こります。日々求めるものと得られているものにギャップが生じるからです。反対に捉えれば、そのギャップが私たちを駆り立てる原動力と言えます。

人間は欲求があるかぎり、必ず願望を満たそうとします。そして願望と願望がぶつかることで葛藤が起こります。

葛藤の中に安心はありません。だから、私たちは現実と理想のギャップに苦しみ、さらに正しくあろうとして苦痛感情を味わいます。ぶつかり合う願望は必ず満たさなければならないものではありません。願望もすべてはあなたのものです。

成功の秘訣は正しくあろうとすることではなく、原理原則を学び、そこから外れず自分の理想に向かって生きることです。人はそれぞれの知覚に基づいて生きています。他者の評価や他人に認められるために生きても解放はありません。

自分の知覚と人の知覚は違う。私たちは一人ひとりが尊い存在であることを自覚して自分の願望を満たす行動を起こすべきです。

あなたがどうあろうとしても、できることしかできないのです。高望みをせずに毎日自分を満たせる生き方を追求しましょう。ストイックに生きるという意味ではありません。緊張に振れれば弛緩も必要になります。映画に行く、旅行に行く、自分の好きなことに対しては規制せずに自然体で、精一杯の自分を受け入れましょう。「これ以上できない。仕方がない」と、心の底から言えるとき葛藤はなくなっています。

目の前のことに打ち込むといっても場当たり的な努力をしている場合があります。燃え尽きてしまうのは努力の方向性がズレているからです。目的、目標、計画、日々の実践に一貫性が通っていません。

継続的、方向性をもった努力をしていけば、挫折や失敗はありません。目の前に乗り越えるべき壁があるだけです。それは大きな苦痛体験であっても失敗という言葉はふさわしくありません。長い年月が経ったときにはキャリアになっています。

振り返って「あのときがもっとも成長した」と思う瞬間はないでしょうか？　そのときは、ずっとリラックスしている状態ではなかったはずです。苦しみから逃げない価値はあとになってわかります。逃げないとは何か？目的・目標に向かって最善を尽くすことです。そのひたむきな取り組みに、きっと救いの手を差し伸べてくれる人がいます。

青木仁志（あおき・さとし）

1955年3月北海道函館市生まれ。10代からプロセールスの世界に入り、国際教育企業ブリタニカ、国内人財開発コンサルティング企業を経て1987年、32歳でアチーブメント株式会社を設立、代表取締役社長に就任。

自ら講師を務める公開講座『頂点への道』スタンダードコースは講座開講以来25年間で644回開催、新規受講生は32,000名を超え、国内屈指の公開研修となっている。その他、研修講師として会社設立以来延べ50万名以上の研修を担当している。

2010年から3年間、法政大学大学院政策創造研究科客員教授として、講義「経営者論特講」を担当し、法政大学大学院　坂本光司教授が審査委員長を務める「日本でいちばん大切にしたい会社大賞」の審査委員も務めるなど、中小企業経営者教育に力を注いでいる。

著書は30万部のベストセラーとなった『一生折れない自信のつくり方』をはじめ68冊。解題は新・完訳『道は開ける』『自助論』『成功哲学』ほか5冊。うち11点が海外でも翻訳され刊行中。

代表取締役社長を務めるアチーブメント株式会社は今年38期目を迎え、新卒学生が2万名以上エントリーをする人気企業に成長し、2013年2月に日本経済新聞にて掲載された就職希望企業ランキングで総合93位、業種別では情報、広告、レジャー、ソフトウェア、教育などを含む「サービス業・その他」として13位にランクイン。

近年では、80歳でエベレスト登頂を果たした冒険家の三浦雄一郎氏のMIURA EVEREST 2013 Projectスペシャルサポーター、また、全日本F3選手権のパートナーとしての若手ドライバー育成など、目標達成に関わる個人と法人の皆様の支援に携わっている。

その他：法政大学大学院　政策創造研究科　客員教授（2010年～2013年）
一般財団法人　日本プロスピーカー協会（JPSA）代表理事
一般財団法人　ウィリアムグラッサー記念財団　理事長
人を大切にする経営学会　常任理事
日本でいちばん大切にしたい会社大賞　審査員
一般財団法人　東京メトロポリタンオペラ財団　理事長
一般社団法人　日本ビジネス選択理論能力検定協会　会長
一般社団法人　日本ゴスペル音楽協会　常務理事
認定非営利活動法人日本リアリティセラピー協会　専務理事
医療法人社団友志会ララクリニック美容内科・皮膚科　常務理事
社団法人日本ペンクラブ　正会員・国際ペン会員
東京中央ロータリークラブ会員

ブログ：http://www.aokisatoshi.com/diary
フェイスブック：https://www.facebook.com/achievementaoki

この本を読んでいただき、ありがとうございました。
ご質問等がある方は、下記のメールアドレスまで
何なりとお寄せください。
皆さまとの出会いを楽しみにしております。

青木仁志
Email: speaker@achievement.co.jp

アチーブメント出版
公式ツイッター　@achibook
公式フェイスブックページ　https://www.facebook.com/achibook
公式インスタグラム　achievementpublishing

一歩前に踏み出せる勇気の書

2016年（平成28年）12月23日　第1刷発行
2025年（令和7年）5月23日　第5刷発行
著者――――――青木仁志
発行者――――――塚本晴久
アチーブメント出版株式会社
〒141-0031　東京都品川区西五反田2-19-2
荒久ビル4F
TEL 03-5719-5503／FAX 03-5719-5513
https://www.achibook.co.jp
装丁・本文デザイン――轡田昭彦＋坪井朋子
編集協力――――津村匠
印刷・製本――――株式会社光邦

ISBN 978-4-86643-004-1